분노
하라

INDIGNEZ-VOUS!
By Stéphane HESSEL

Copyright ⓒ Indigène Editions, Montpellier, 2010
Korean Translation Copyright ⓒ Dolbegae Publishers, 2011
All rights reserved.

This Korean edition was published by arrangement with
Indigène Editions Montpellier through Bestun Korea Agency Co., Seoul.

이 책의 한국어판 저작권은 베스툰 코리아 에이전시를 통한 저작권자와의 독점계약으로 도서출판 돌베개에 있습니다. 저작권법에 의해 한국 내에서 보호를 받는 저작물이므로 무단전재와 복제, 광전자 매체 수록 등을 금합니다.

분노하라
스테판 에셀 지음 | 임희근 옮김

2011년 6월 7일 초판 1쇄 발행
2023년 9월 11일 초판 15쇄 발행

펴낸이 한철희 | 펴낸곳 돌베개 | 등록 1979년 8월 25일 제406-2003-000018호
주소 (10881) 경기도 파주시 회동길 77-20 (문발동)
전화 (031) 955-5250 | 팩스 (031) 955-5050
홈페이지 www.dolbegae.co.kr | 전자우편 book@dolbegae.co.kr
블로그 blog.naver.com/imdol79 | 트위터 @dolbegae79

책임편집 소은주·김태권 | 편집 이경아·권영민·이현화·조성웅·김진구·김혜영·최혜리
디자인 이은정·박정영 | 디자인 기획 민진기디자인
제작·관리 윤국중·이수민 | 마케팅 심찬식·고운성·조원형 | 인쇄·제본 영신사

ISBN 978-89-7199-429-0 03340

책값은 뒤표지에 있습니다.

이 도서의 국립중앙도서관 출판시도서목록(CIP)은 e-CIP 홈페이지(http://www.nl.go.kr/ecip)와 국가자료공동목록시스템(http://www.nl.go.kr/kolisnet)에서 이용하실 수 있습니다.
(CIP제어번호: CIP2011002199)

INDIGNEZ-VOUS!

스테판 에셀 지음 | 임희근 옮김

돌베개

일러두기

- 이 책은 2010년 프랑스 앵디젠 출판사에서 출간된 스테판 에셀의 『INDIGNEZ-VOUS!』를 한국어로 옮긴 것이다.
- 본문 40~43쪽의 주(註)는 저자의 동의를 얻어 앵디젠 출판사의 편집자가 단 원주(原註)이며, 본문과 원주 하단에 실린 각주(■)는 독자들의 이해를 돕기 위해 옮긴이가 단 것이다.

**파울 클레, 〈새로운 천사Angelus Novus〉,
1920, 수채화, 31.8×24.2cm, 이스라엘 박물관(예루살렘).**

스테판 에셀이 이 책에서 언급하고 있는 파울 클레의 그림. 이 그림을 최초로 소장한 사람은 독일의 철학자 발터 벤야민으로, 독소 불가침 조약■에 충격을 받은 후 자신의 저서 『역사철학 테제』(1940)에서 이 그림에 관해 짧은 비평을 남겼다. 벤야민은 클레의 그림 속에서 "우리가 진보라 부르는 폭풍"을 밀어내고 있는 천사를 보았다고 썼는데, 에셀은 그 대목을 본문에서 언급하고 있다.

■ 1939년 8월 23일 모스크바에서 독일 외상 리벤트로프와 소련 인민위원회 의장 겸 외무인민위원 몰로토프가 조인한 상호 불가침 조약. 당시 이를 예상한 사람은 극소수였다. 독일은 극도의 반공국가였고, 러시아는 제1차 세계대전 때도 연합국 쪽에 섰으며 이 조약 체결 직전까지도 영국, 프랑스와 손잡으려는 중이었다. 반공을 기치로 내세운 나치가 러시아와 손잡을 리 없다고 보았기에, 이 조약으로 인해 공산당을 지지하던 지식인들의 입장이 매우 난처해졌다. 이 조약 체결 덕분에 독일은 마음 놓고 폴란드와 체코를 침탈한 다음 서부전선에 집중할 수 있었다. 그러나 1941년 6월 나치 독일의 소련 침공으로 이 조약은 깨진다.

차례

머리말	9
레지스탕스의 동기, 그것은 분노	13
역사를 보는 두 관점	17
무관심은 최악의 태도	21
팔레스타인에 관한 나의 분노	27
비폭력, 우리가 가야 할 길	32
평화적 봉기를 위하여	35
주(註)	40
편집자 후기 — 스테판 에셀, 그는 누구인가?	44
한국어판 출간에 부쳐 — 저자와의 인터뷰	52
추천사 — '분노'와 '평화적 봉기'가 세상을 바꾼다(조국)	70
옮긴이의 말 — 어느 행복한 투사의 분노	80

머리말

93세. 이제 내 삶의 마지막 단계에 온 것 같다. 세상을 하직할 날이 멀지 않았다.

그래도 이만큼 나이 들어, 그간 나의 정치 참여에 토대가 된 것들을 돌이켜볼 수 있으니 참으로 다행이다. 내가 레지스탕스 활동에 바친 세월, 그리고 프랑스의 '전국 레지스탕스 평의회'가 근 70년 전에 구축한 개혁안을 여기서 돌이켜보고자 한다.

이 '평의회'라는 틀 안에서 나치 독일이 점령하고 있던 프랑스의 모든 세력—각종 운동, 당파, 노동조합들—이 뭉쳐 '투쟁하는 프랑스(La France combattante■)'에, 그리고 프랑스가 인정하는 유일한 지도자 드골 장군에게 동참하겠다는 선언을 할 수 있었는데, 이는 장 물랭■■ 덕분이었다. 1941년

3월, 당시 런던에 있던 드골 장군에게 합류했던 나는, 그곳에서 프랑스 전국 레지스탕스 평의회가 하나의 개혁안을 짜서 1944년 3월 15일에 채택했음을 알게 되었다. 그리고 이 개혁안이 제안한 것이 향후 나치로부터 해방된 자유 프랑스(La France libre)가 지켜나갈 원칙과 가치, 곧 프랑스 현대 민주주의의 토대가 될 가치라는 것도 알게 되었다.[1]

오늘날 우리에게 그 어느 때보다도 필요한 것이 이러한 원칙과 가치들이다. 우리가 몸담고 사는 사회가 자랑스러운 사회일 수 있도록 그 원칙과 가치들을 다 같이 지켜가는 것이 우리가 할 일이다. 이른바 '불법체류자'들을 차별하는 사회, 이민자들을 의심하고 추방하는 사회, 퇴직연금제도와 사회보장제도의 기존 성과를 새삼 문제 삼는 사회, 언론매체가 부자들에게 장악된 사회, 결코 이런 사회가 되지 않도록. 만일 우리가 전국 레지스탕스 평의회의 진정한 후예였다면, 이런 모든 일들에 암묵적인 찬동자가 되기를 단연코 거부했으련만……

■ 1942년 6월 3일, 프랑스 국내 레지스탕스 운동 전체는 프랑스 전국 레지스탕스 평의회 및 그 의장 드골 장군을 공식적으로 인정했으며, 같은 해 7월 13일 '자유 프랑스'라는 명칭은 '투쟁하는 프랑스'로 개칭되었다. 이날의 공식 선언문은 '투쟁하는 프랑스'를 이렇게 규정하고 있다. "현재 어디에 있든, 프랑스 본토 및 해외 영토 출신으로서 국제연합과 협력하여 공동의 적에 대해 전쟁에서 싸우고자 힘을 합치는 모든 사람, 그리고 나치의 프랑스 영토 침탈을 받아들이지 않으며 가능한 방법으로 어디에 있든, 국제연합의 공동 승리를 통해 프랑스 해방에 기여하는 모든 프랑스인을 규합하는 축(軸)이 되는 레지스탕스의 상징."
■■ Jean Moulin, 1899~1943, 1939년 프랑스를 점령한 독일군에 대항해 활약했던 주요 레지스탕스 운동가이자 정치가.

참담하고 극적인 사건들을 겪은 후, 1945년부터 프랑스 전국 레지스탕스 평의회 내에 존재하는 세력들은 야심 찬 부활을 위해 전력투구했다. 돌이켜보자. 레지스탕스가 바라던 사회보장제도가 바로 이 시기에 구축되었다. 레지스탕스의 개혁안이 명시한 바는 '모든 시민에게, 그들이 노동을 통해 스스로 살길을 확보할 수 없는 어떤 경우에도 생존 방도를 보장해주는 것을 목표로 하는 사회보장제도의 완벽한 구축, 늙고 병든 노동자들이 인간답게 삶을 마칠 수 있게 해주는 퇴직연금제도'였다. 각종 에너지원, 전기와 가스, 탄전(炭田), 거대 은행들이 국영화되었다. 이 역시 레지스탕스의 개혁안이 권장한 바였다. 또한 이 개혁안은 '공동 노동의 결실인 대표적 생산수단―에너지원, 지하자원, 보험회사, 거대 은행들―을 국가로 복귀시키는 것', '경제계·금융계의 대재벌들이 경제 전체를 주도하지 못하게 하는 일까지 포함하는 진정한 경제적·사회적 민주주의 정립' 같은 것들도 권고했다. 특정인의 이익보다 전체의 이익을 우선해야 하며, 노동계가 창출한 부를 정당하게 분배하는 일을 금권(金權)보다 중시해야 한다는 것이었다. 레지스탕스가 제안한 것은 '파시스트 국가들의 모습을 본떠 구축된 전문적 독재에서 놓여난, 일반의 이익을 특정인의 이익보다 확실히 존중할 합리적인 경제조직'이었다. 그리고 프랑스 공화국 임시 정부는 이 제안을 넘겨받아 추진했다.

진정한 민주주의에 필요한 것은 독립된 언론이다. 레지스탕스는 이 사실을 알고 강력히 요구했으며 '언론의 자유, 언론의 명예, 그리고 국가, 금권, 외세로부터 언론의 독립'을 수호하기 위해 노력했다. 레지스탕스에 이어 1944년부터 각계각층이 언론에 대해 줄곧 주장해온 바도 바로 이것이었다. 그런데 오늘날 바로 이 '언론의 독립'이 위협받고 있는 것이다.

레지스탕스가 호소했던 바는 어떤 차별도 없이 '프랑스의 모든 어린이가 가장 발전된 교육의 혜택을 실질적으로 누릴 수 있어야 한다는 것'이었다. 그런데 2008년 실시된 개혁은 레지스탕스의 이 생각에 역행하는 내용이었다. 젊은 교사들은 그 개혁을 실제 교육현장에 적용하는 것을 거부하기까지 했다. 나는 이들의 행동을 지지한다. 이 교사들은 이러한 행동에 대한 징벌로 감봉 처분까지 당했다. 그들은 분노하여 이런 처사에 '불복종'했다. 그들은 이 개혁이 프랑스 공화국이 내건 '학교'의 이상과 너무 거리가 멀며, 부유층만을 위한 것으로 더 이상 창의적이고 비판적인 정신을 충분히 계발시킬 수 없는 개혁이라고 판단했다.

그러니까 오늘날 문제가 되는 것은 레지스탕스가 사회적으로 얻은 성과의 토대 그 자체인 것이다.[2]

레지스탕스의 동기,
그것은 분노

 이런 우리에게 혹자는 말한다. 시민을 위해 이런저런 조치들을 하는 데 드는 비용을 국가가 더 이상 감당할 수 없다고. 그러나 프랑스 해방■—유럽이 파산 상태였던 시기—이래로 창출되는 부의 양은 괄목할 만큼 증가했는데도 이제 와서 그간 얻은 성과를 유지하고 이어나갈 돈은 부족하다니 어떻게 이럴 수가 있는가? 만약 그럴 돈이 부족하다고 강변한다면 그건 아마도, 이젠 국가의 최고 영역까지 금권의 충복들이 장악한 상태에서 레지스탕스가 투쟁 대상으로 삼았던 금권이 전에 없이 이기적이고 거대하고 오만방자해졌기 때문일 것이다. 이제 민영화된 은행들은 우선 자기들

■ 프랑스가 나치 독일의 점령에서 해방된 1944년을 말한다.

의 이익배당과 경영진의 고액 연봉 액수에나 관심을 보일 뿐, 일반 대중의 이익 같은 것은 아랑곳하지 않는다. 극빈층과 최상위 부유층의 격차가 이렇게 큰 적은 일찍이 없었다. 그리고 돈을 좇아 질주하는 경쟁을 사람들이 이토록 부추긴 적도 일찍이 없었다.

레지스탕스의 기본 동기는 분노였다. 레지스탕스 운동의 백전노장이며 '자유 프랑스'의 투쟁 동력이었던 우리는 젊은 세대들에게 호소한다. 레지스탕스의 유산과 그 이상(理想)들을 부디 되살려달라고, 전파하라고. 그대들에게 이렇게 말한다. "이제 총대를 넘겨받으라. 분노하라!"고. 정치계·경제계·지성계의 책임자들과 사회 구성원 전체는 맡은 바 사명을 나 몰라라 해서도 안 되며, 우리 사회의 평화와 민주주의를 위협하는 국제 금융시장의 독재에 휘둘려서도 안 된다.

나는 여러분 모두가, 한 사람 한 사람이, 자기 나름대로 분노의 동기를 갖기 바란다. 이건 소중한 일이다. 내가 나치즘에 분노했듯이 여러분이 뭔가에 분노한다면, 그때 우리는 힘 있는 투사, 참여하는 투사가 된다. 이럴 때 우리는 역사의 흐름에 합류하게 되며, 역사의 이 도도한 흐름은 우리들 각자의 노력에 힘입어 면면히 이어질 것이다. 이 강물은 더 큰 정의, 더 큰 자유의 방향으로 흘러간다. 여기서 자유란 닭장 속의 여우가 제멋대로 누리는 무제한의 자유가 아니다. 1948년 세계 인권 선언이 구체적으로 실천방안까지 명시한 이 권리는 보편적인 것이다. 만약 여러분이 어느 누구라도 이 권리를 제대로 누리지 못하고 있는 사람을 만나거든, 부디 그의 편을 들어주고, 그가 그 권리를 찾을 수 있도록 도움을 주라.

역사를 보는
두 관점

 무엇이 파시즘을 초래했는지, 프랑스가 무엇 때문에 파시즘의 침탈을 받았고 비시 정권이라는 괴뢰 정권이 세워졌는지를 이해하려고 노력하다 보면, 이렇게 혼잣말을 하게 된다. '가진 자들은 이기적인지라 볼셰비키 혁명을 지독히 두려워했다'고. 그들은 그 두려움이 이끄는 대로 생각 없이 행동했다. 그러나 만약 그때처럼 오늘날 행동하는 소수가 일어선다면, 그것으로 충분할 것이다. 그러면 우리에겐 반죽을 부풀릴 누룩이 생기는 셈이다. 물론 1917년생인 나 같은 늙은이의 체험은 오늘날 젊은이들의 체험과는 다르다. 나는 종종 중고등학교 교사들에게 말하곤 한다. 당신들이 학생들에게 이야기 좀 할 수 없느냐고. 그들에게 이렇게 말한다. 물론 당신들이 참여하는 뚜렷한 이유가 우리의 그것과 같을 수야 없다. 우리 때는 독일의 강점(强占)과 프랑스의 패배를 받아들이지 않는 것이 저항이었다. 그것은 상대적으로 단순한 일이었다. 그다음에 이어진 식민지의 독립 또한 단순했다. 그러다가 알제리 전쟁이 발발했다. 알제리가 프랑스 식민지를 벗어나 독립해야 한다는 것, 그건 너무나 당연한 일이었다. 스탈린 이야기를 해보자. 우리 모두는 1943년 소련의 붉은 군대가 나치에 맞서 거둔 승리에 박수를 보냈다. 그러나 이미 1935년에 벌어진 스탈린의 '대숙청'의 진실을 알게 되었을 때, 비록 미국 자본주의에 대한 대항마로서 공산주의에 한 귀는 열어두어 균형을 맞출 필요는 있었다 해도 전체주의라는 이 견딜 수 없는 체제에 맞서야 한다는 것은 명백한 사실로 다가왔다. 나는 남들보다 훨씬 오래 살다 보니 분노할 이유들이 끊임없이 생겨났다.

　이런 분노의 이유들은 어떤 감정에서라기보다는 참여의 의지로부터 생겨났다. 나는 청년 시절 파리 고등사범학교■ 학생으로서, 학교 선배인 사르트르에게서 큰 영향을 받았다. 사르트르의 저서 『구토』, 『벽』, 『존재와 무(無)』는 나의 사상 형성에 아주 중요한 역할을 했다. 사르트르는 우리에게, 스스로를 향해 이렇게 말하라고 가르쳐주었다. "당신은

■ 프랑스의 국립 엘리트 고등교육 기관의 하나로 교사와 교수를 양성하는 에콜 노르말 쉬페리외르(École normale supérieure).

개인으로서 책임이 있다"고. 이것은 절대자유주의의 메시지였다. 어떤 권력에도, 어떤 신에게도 굴복할 수 없는 인간의 책임. 권력이나 신의 이름이 아니라 인간의 책임이라는 이름을 걸고 참여해야 한다. 1939년 파리 월름 거리에 있는 고등사범학교에 입학했을 때 나는 철학자 헤겔의 열렬한 신봉자였다. 그리고 모리스 메를로퐁티■의 세미나를 들었다. 메를로퐁티의 강의에서 우리는 구체적 체험, 다시 말해 몸의 체험, 몸과 감각의 관계의 체험, 복수(複數)의 감각과 대면하는 커다란 유일자(唯一者)로서의 몸, 이런 것들을 탐구했다. 그러나 바람직한 일이 모두 이루어지기를 원하는 낙관적 성향을 타고난 나로서는, 메를로퐁티보다는 헤겔 쪽에 더 끌렸다. 헤겔 철학은 인류의 기나긴 역사를 의미 있는 어떤 과정이라고 해석한다. 그 의미란 인간의 자유가 한 단계 한 단계씩 진보한다는 것이다. 역사가 연이은 충격들로 이루어진다는 것은 수많은 도전을 염두에 둔 생각이다. 수많은 사회들의 역사는 좀더 나은 방향으로 진보하여 종국에는 인간이 완전한 자유에 이르게 됨으로써 이상적인 형태의 민주국가를 갖게 된다는 것이다.

■ Maurice Merleau-Ponty, 1908~1961, 프랑스의 철학자. 파리 고등사범학교에서 공부하고 1930년에는 철학 교수 자격을 취득했다. 제2차 세계대전 때에는 레지스탕스 운동에 가담하기도 했다. 1945년에는 「행동의 구조」, 「지각의 현상학」을 박사논문으로 제출하여 일약 학회에서 명성을 얻고 리옹 대학과 소르본 대학, 콜레주 드 프랑스의 교수를 역임했으나 급사했다.

물론 역사를 이와 다르게 보는 관점도 있다. 자유, 경쟁, '언제나 더 많이' 갖기 위한 질주, 이런 것들로 이루어지는 진보란 마치 주위의 모든 것을 파괴하는 폭풍처럼 체험될 수도 있다. 우리 아버지의 친구 한 분이 바로 역사를 이렇게 표현했다. 이분은 마르셀 프루스트의 『잃어버린 시간을 찾아서』를 우리 아버지와 함께 독일어로 번역한 독일 철학자 발터 벤야민이다. 그는 스위스 화가 파울 클레의 그림 〈새로운 천사〉를 보고 비관적인 메시지를 남겼다. 이 그림에서 천사는 두 팔을 활짝 벌려 진보라는 폭풍을 끌어안으면서도 내치는 몸짓을 하고 있다. 그 후 나치즘을 피해 망명하던 중 1940년 9월에 자살한 벤야민에게, 역사의 의미란 재앙에서 재앙으로 이어지는 저항할 길 없는 흐름이었다.

무관심은
최악의 태도

　맞다. 분노의 이유가 오늘날에는 예전보다 덜 확실해 보일 수도 있다. 아니면 세상이 너무 복잡해진 것일 수도 있다. 누가 명령하며, 누가 결정하는가? 우리를 지배하는 모든 흐름들을 샅샅이 구분한다는 것이 늘 쉬운 일만은 아니다. 우리의 상대는 이제 하나의 작은 특권 계층만이 아니다. 어느 작은 특권 계층의 행동쯤이야 우리가 명확히 알아차릴 수 있다. 그러나 이제 우리의 상대는 광활한 세계이며, 그 세계가 상호의존적이라는 사실을 우리는 절감하고 있다. 우리는 그 어느 시대보다도 더욱더 강력한 상호연결성 속에 살고 있다. 그러나 이런 세상에도 참아낼 수 없는 일들은 있다. 그것이 무슨 일인지 알려면, 제대로 들여다보고 제대로 찾아야 한다. 나는 젊은이들에게 말한다. "제발

좀 찾아보시오. 그러면 찾아질 것이오"라고. 최악의 태도는 무관심이다. "내가 뭘 어떻게 할 수 있겠어? 내 앞가림이나 잘 할 수밖에……" 이런 식으로 말하는 태도다. 이렇게 행동하면 당신들은 인간을 이루는 기본 요소 하나를 잃어버리게 된다. 분노할 수 있는 힘, 그리고 그 결과인 '참여'의 기회를 영영 잃어버리는 것이다.

이미 우리가 식별할 수 있는 커다란 도전이 두 가지 있다.

첫째, 극빈층과 최상위 부유층 사이에 가로놓인, 점점 더 커져만 가는 격차. 이는 20세기와 21세기가 낳은 새로운 폐해다. 지금 세계의 극빈층은 하루에 2달러도 채 벌지 못한다. 이 격차가 더욱더 벌어지게 방치할 수는 없다. 이 사실 하나만으로도 참여는 촉발되어야만 한다.

둘째, 인권, 그리고 지구의 현재 상태. 프랑스가 독일 점령으로부터 해방된 후, 나는 세계 인권 선언의 문안을 작성하는 데 참여했다. 유엔은 이 선언문을 1948년 12월 10일 파리 샤이오 궁에서 공식적으로 채택했다. 나는 당시 유엔 부사무총장 겸 유엔 인권위원회 간사였던 앙리 로지에의 보좌팀 팀장 자격으로 몇몇 사람과 함께 이 인권 선언의 문안 작성에 참여하게 되었다. 이 선언문을 만들 때 1941년 런던에 수립된 자유 프랑스 정부의 법무 및 교육 담당 국가위원이었던 르네 카생—1968년도 노벨평화상 수상자—의 역할은 두고두고 잊지 못할 것이다. 또한 피에르 망데스 프

랑스■도 잊을 수 없을 것이다. 우리가 작성한 문안은 유엔 경제사회위원회의 위원이었던 피에르에게 제출되었고, 그의 검토를 거쳐 사회 문제와 인도주의 문제, 문화 문제를 다룬 유엔총회 제3분과위원회에서 검토되었다. 당시 이 위원회의 회원국 수는 54개국이었으며, 나는 그 사무국 일을 보고 있었다. 세계 인권 선언■■에 영어권 국가의 대표들이 제안한 '국제적(international)'이라는 말 대신 '보편적'이라는 말이 들어간 것은 르네 카생 덕분이다. 제2차 세계대전이 막 끝난 이 당시에는, 인류를 겁박하던 전체주의의 위협에서 해방되는 것이 가장 중요한 문제였기 때문이다. 그 위협에서 해방되려면 유엔 회원국들로부터 이 선언에 나오는 보편적 권리들을 존중하겠다는 서약을 받아내야 했다. 한 국가가 자국 영토에서 반인륜적 범죄를 자행하면서도 버젓이 주권을 행사할 수 있다는 강변을 깨부수는 하나의 방법이 바로 이 인권 선언이었던 것이다. '내 나라 안에서는 내가 주인이니 마음대로 대량 학살을 자행해도 된다'고 생각한 히틀러가 바로 그런 경우였다. 이 보편적 선언은 나치즘, 파시즘, 전체주의에 대한 보편적 반감에 힘입은 바 크며, 우리(나와 레지스탕스 동료들)가 동참했기에 레지스탕스

■ Pierre Mandès-France, 1907~1982, 인민전선 내각의 재무차관과 드골 임시 정부의 경제장관 등을 거쳐 총리 겸 외무장관을 지낸 프랑스의 정치가.
■■ 원어로는 보편적 인권 선언(Déclaration des droits universels)이라고 칭한다.

정신으로부터도 많은 도움을 받았다. 모든 국가들이 이런 가치들을 충실하게 지키고 널리 펴나갈 의도를 가진 것은 아니었지만, 우리는 그들에게 이를 지키도록 강요라도 하려 했던 것이다. 겉으로는 동참한다고 공언하면서 실제로는 약소국 정복을 일삼는 국가들의 위선에 속아 넘어가서는 안 되며, 신속히 행동에 옮겨야 한다는 것을 나는 절감하고 있었다.[3]

여기서 세계 인권 선언의 제15항을 인용하고 넘어가지 않을 수 없다. "모든 개인은 국적을 가질 권리가 있다." 그리고 제22항도. "모든 사람은 사회의 구성원으로서 사회보장제도의 혜택을 받을 권리가 있다. 사회보장제도는 국가적 노력과 국제적 협력에 힘입어, 각국의 조직과 경제적 형편을 감안하여, 인간의 존엄성과 그 인성의 자유로운 계발에 필수불가결한 경제적·사회적·문화적 권리의 충족을 성취함을 근간으로 한다."

이 선언이 지니는 효력이 그야말로 선언적인 것에 그칠 뿐 법률적인 것은 아니라 할지라도, 어떻든 이 인권 선언이 1948년 이래로 강력한 역할을 한 것은 사실이다. 식민 지배를 받던 민족들은 이 인권 선언에 힘입어 독립투쟁을 벌였으며, 이 선언은 자유를 위한 투쟁을 해나가는 그들에게 정신적 토대의 씨앗을 뿌려준 셈이었다.

지난 수십 년간 비정부기구들, 시민지원을 위한 금융거

래 과세추진협회(ATTAC)와 같은 사회운동 단체, 국제인권연합(FIDH), 국제사면기구(앰네스티 인터내셔널) 등 활동적이고 실천력 있는 조직들이 아주 많아졌다. 이제는 효율적으로 활동하려면 네트워크 단위로 행동하면서 현대적인 소통 방식까지 두루두루 활용할 수 있어야 한다는 것이 확실해졌다.

  나는 젊은이들에게 말한다. "주변을 둘러봐요. 그러면 우리의 분노를 정당화하는 주제들―이민자, 불법체류자, 집시들을 이 나라가 어떻게 취급했는지 등등―이 보일 겁니다. 강력한 시민 행동을 하지 않을 수 없게 만드는 구체적 상황들이 보일 겁니다. 찾아요. 그러면 구할 것입니다!"

팔레스타인에 관한
나의 분노

오늘날 나는 주로 팔레스타인, 가자 지구, 요르단 강 서안 지구(West Bank)에 관해 분노한다. 이곳에서 벌어지는 갈등이 바로 분노를 자아내는 원천이다. 2009년 9월 리처드 골드스톤이 가자 지구에 대해 쓴 보고서는 필독할 만한 글이다. 이 보고서를 작성한 유대인 출신의 남아프리카공화국 판사 골드스톤은—심지어 시온주의자를 자처하는 사람인데—이스라엘 군대가 3주간 '캐스트 리드(Cast Lead)' 작전■을 수행하면서 '전쟁범죄에 가까운, 어쩌면 어떤 상황에서는 반인륜적인 범죄에 가까운 행위'를 저질렀다고 비난하고 있다.

■ 2008년 12월 27일 오전 11시 30분에 이스라엘이 하마스의 로켓 공격을 최소화한다는 명목으로 가자 지구를 공습하여 시작된 이스라엘과 하마스 간의 전쟁으로 2009년 1월까지 지속되었다.

나 자신이 2009년 가자 지구를 다시 찾아갔고, 외교관 여권을 소지한 덕분에 아내와 함께 그곳에 들어가서 이 보고서에 담긴 실상을 직접 눈으로 확인해볼 수 있었다. 우리와 함께 간 사람들은 가자 지구 내부까지 들어가도 좋다는 허가를 받지 못했다. 우리 내외는 가자 지구에도 갔고 요르단 강 서안 지구에도 갔다. 또한 1948년부터 유엔 산하 기관인 국제연합 팔레스타인 난민구호 사업기구(UNRWA)가 설립한 팔레스타인 난민수용소도 방문했다. 그곳에는 이스라엘에 의해 살던 땅에서 쫓겨난 300만여 명의 팔레스타인 사람들이 고향으로 돌아갈 날만을 손꼽아 기다리고 있었다. 그러나 이들의 귀환 문제는 점점 더 어려워지고 있었다.

가자 지구, 그곳은 150만 팔레스타인 사람들에게 창살 없는 감옥이나 다름없었다. 이 감옥에서 그들은 살아남기 위해 서로 조직적으로 힘을 합쳐 버텨나가고 있었다. '캐스트 리드' 작전에 의해 '적신월(赤新月)'■ 병원이 무너진 사건 같은 물질적 파괴보다 한층 더 깊이 우리 기억 속에 각인된 것은 가자 지구 주민들의 행동, 애국심, 바다와 해변에 대한 애정, 끊임없이 자녀들의 안전에 주의를 기울이는 모습 등이었다. 어쩔 수 없이 강요된 모든 결핍 상황에 그들이 어찌나 지혜롭게 대처하던지 우리는 깊은 감명을 받았다.

■ 이슬람권에서 적십자 대신 사용하는 상징으로 붉은 초승달 모양이다. 적십자 마크와 마찬가지로 전쟁 시에 구호활동을 위한 차량이나 시설이 공격받지 않게 하는 역할을 한다.

탱크가 밀어버린 가옥 수천 채를 다시 짓는데 시멘트가 없어서 벽돌을 직접 만들어 쓰는 모습도 보았다. 이스라엘 군대가 수행한 '캐스트 리드' 작전 기간에 팔레스타인 난민촌에서는 남녀노소 합쳐 1,400명이 사망했다. 반면 이스라엘 측은 부상자만 50명이었을 뿐임을 확인할 수 있었다. 나는 남아프리카공화국의 판사 골드스톤이 내린 결론에 동의한다. 유대인들이 언제까지나 이렇게 전쟁범죄를 자행할 수 있다는 것은 참기 어려운 일이다. 어떤 민족이 자신의 역사에서 교훈을 얻은 예는 지금까지 찾아보기 힘들다.

지난 몇 차례의 총선에서 승리한 하마스▪가 가자 지구 주민들이 처한 고립과 차단 상황에 대한 응답으로 이스라엘 도시들을 향해 끝내 로켓포를 쏘고야 말았다는 사실도 나는 알고 있다. 당연히 테러리즘은 용납할 수 없다고 나는 생각한다. 그러나 자신이 지닌 무기와 비교도 안 될 만큼 우월한 무력적 방법에 의해 점령당한 쪽의 입장에서 보면, 민중의 반응이 꼭 비폭력적일 수만은 없다는 것은 인정해야 한다.

하마스가 이스라엘 스데로트 시에 로켓포를 발사하면 효과가 있는가? '없다'가 답이다. 그런 행동은 포를 쏜 쪽의 대의명분에도 도움이 되지 않는다. 그러나 가자 지구 주민

▪ Hamas, 1987년 이스라엘에 저항하는 팔레스타인 무장단체로 창설되어 활동을 해오다가 2006년 팔레스타인 자치정부의 집권당이 되었다.

들의 이런 몸짓을 보고 격분에 의한 행동이라고 이해할 수는 있다. 분노가 끓어 넘치는 상태를 '격분'이라고 한다면, 폭력이란 도저히 용납 못할 상황에 처한 사람들의 입장에서 내린 유감스러운 결론이라고 이해할 필요가 있다. 이를 이해한다면, 테러리즘이 격분을 표출하는 한 방식이라고 말할 수 있다. 물론 이 격분은 부정적 표현이다. '도에 넘치게 분노'해서는 안 되며, 어쨌든 희망을 가져야 한다. 격분이란 희망을 부정하는 행위다. 격분은 이해할 수 있는 일이고, 당연한 일이라고까지 할 수 있다. 하지만 그렇다고 해서 용납할 수 있는 일은 아니다. 희망이 긍정적 결과를 낳을 수도 있는 경우에, 격분 탓으로 그것을 놓칠 수 있기 때문이다.

비폭력,
우리가 가야 할 길

　미래는 비폭력의 시대, 다양한 문화가 서로 화해하는 시대라고 나는 확신한다. 비폭력이라는 길을 통해 인류는 다음 단계로 건너가야만 한다. 이 점에서 나는 사르트르와 생각이 같다. 폭탄을 던지는 테러리스트를 용서는 못하더라도 이해는 할 수 있다. 사르트르는 1947년에 이렇게 썼다. "어떤 형태로 나타나는 폭력이든, 폭력이란 일단 실패라는 사실을 나는 수긍한다. 그러나 이 실패는 피할 수 없는 실패다. 왜냐하면 우리는 폭력의 세계 속에 살고 있기 때문이다. 폭력에 의거하는 행위 자체가 자칫 폭력을 영속화할 수 있음은 사실이다. 그렇다고 하더라도 폭력을 멈추게 하는 유일한 수단 또한 폭력이라는 것도 사실이다."[4] 여기에 나는 한마디를 덧붙이고 싶다. 비폭력이 폭력을 멈추게 하는 좀더 확실한 수단이라고. 알제리 전쟁 때 혹은 1972년 뮌헨 올림픽에서 이스라엘 선수들에게 자행된 테러 사건을 생각해보자. 앞에서 말한 원칙을 내세워 사르트르처럼 테러리스트들을 지지할 수는 없다. 그것은 효과적인 방법이 아니다. 사르트르 자신도 결국 말년에는 테러리즘의 의미에 대해 물음표를 찍고, 테러리즘이 꼭 있어야만 하는지를 의심했다. "폭력은 효과적인 수단이 아니다." 이렇게 말하는 것이 폭력의 힘을 빌리는 이들을 단죄해야 하는가 여부를 따지는 것보다 훨씬 더 중요한 일이다. 테러리즘은 효과적인 수단이 아니다. 이때 효과라는 개념에는 비폭력적인 희망이 들어 있어야 한다. 혹시라도 '폭력적인 희망'이라는 것이 존재한다면, 그런 일은 기욤 아폴리네르의 시에 나오는 "희망은 어찌 이리 격렬한가!"■라는 구절에서나 가능하리라. 정치에서는 폭력적인 희망이란 없다. 사르트르는 1980년 3월, 임종을 3주 앞두고 이런 말을 했다. "끔찍한 지금의 세계가 기나긴 역사의 발전 속에서 보면 그저 한순간일 뿐인 이유를, 숱한 혁명과 봉기를 이끈 주도적 힘의 하나는 언제나 희망이었음을, 내가 미래를 생각하면서 여전히 그래도 미래는 희망이라고 보는 이유를 설명하려고 노력해야 한다."[5]

■ 아폴리네르의 「미라보 다리」에 나오는 구절. 여기서 '격렬한'으로 옮긴 단어 'violent(e)'은 '폭력적인'이라는 뜻도 된다. 그러므로 저자는 여기에서 '폭력적인 희망'이란 시어(詩語)에서나 있을 수 있음을 말하고 있다.

폭력은 희망에 등을 돌리는 일이라는 것을 알아야 한다. 폭력보다는 희망을, 비폭력의 희망을 택해야 한다. 우리는 그 길을 따르는 방법을 배워야 한다. 압제자와 피압제자 양측이, 압제를 종식시키기 위한 협상의 길을 찾아야만 한다. 그래야만 더 이상 테러리즘의 폭력이 없게 된다. 증오가 너무 많이 쌓이도록 놓아두면 안 되는 이유가 바로 이것이다.

넬슨 만델라, 마틴 루터 킹, 이런 분들의 메시지는 이미 이념 대립과 정복 만능의 전체주의 시대를 지난 오늘의 세계에서 정말로 타당한 내용이다. 현대의 여러 사회들이 서로 이해하고 끊임없이 인내한다면 충분히 갈등을 극복할 수 있다고 믿는 희망의 메시지인 것이다. 거기에 이르기 위해서는 인권을 발판으로 삼아야 하며, 인권을 침해하는 주체는 누구를 막론하고 우리의 분노를 촉발해 마땅하다. 인간의 권리에 대해서만큼은 타협의 여지가 없는 것이다.

평화적 봉기를
위하여

    매주 금요일마다 빌린 시의 시민들은 장벽*까지 걸어가서, 돌도 안 던지고 어떤 무력행위도 없이 항의시위를 한다. 이에 대한 이스라엘 정부의 반응이 과연 어떤지를 나는 주시했다(이를 주시한 사람이 물론 나 하나만은 아니리라). 이스라엘 정부 당국은 이 시위를 '비폭력 테러리즘'이라고 규정했다. 이스라엘 입장에서야 이런 비폭력 행위를 '테러리즘'이라고 규정할 수도 있으리라. 무엇보다도 압제에 반대하는 전 세계인의 지지와 이해와 후원을 불러일으키는 비폭력의 효과 앞에 당혹스러워 그런 반응을 보이는 것일 터이다.

    서양인들의 '생산 위주의 사고방식'은 세계를 위기로 이

■ 이스라엘이 점령한 팔레스타인 요르단 강 서안 지구에서 팔레스타인 마을을 지그재그로 지나가며 사람들을 집과 땅으로부터 격리시키는 분리장벽.

끌었으며, 그 위기로부터 탈출하려면 '항상 더 많이'라고 외치며 앞으로만 질주하는 태도와 과감히 결별해야 한다. 이러한 질주는 비단 금융 분야뿐만 아니라 과학 기술 분야도 마찬가지다. 지금은 윤리, 정의, 지속가능한 균형의 문제를 최우선으로 고려하지 않으면 안 될 때다. 더없이 심각한 위험이 우리를 위협하고 있기 때문이다. 그 위험으로 말미암아 지구는 인간이 살 수 없는 곳이 되어버려, 인류가 시도하는 모든 일들이 영영 종말을 고할 수도 있다.

그러나 1948년부터 중요한 발전이 있었던 것도 사실이다. 식민지의 독립, 인종차별 철폐, 소비에트 제국(帝國)의 궤멸, 베를린 장벽의 붕괴 등이 바로 그런 예다. 반면 21세기 첫 10년은 퇴보의 시기였다. 나는 이 퇴보의 원인 중 일정 부분은 조지 부시가 미국 대통령이 된 것, 9·11 사태, 그 결과 이라크에 대한 미국의 군사개입 같은 재앙들이 발생한 탓이라고 생각한다. 우리는 심각한 경제위기를 겪었으면서도 새로운 발전정책을 도입하지 못했다. 또한 지구온난화에 대한 대책을 세우기 위해 열린 코펜하겐 정상회의는 진정으로 지구를 지키는 정책을 세우지 못했다. 우리는 지금 21세기 첫 10년의 끔찍한 공포와 앞으로 다가올 10년의 가능성 사이, 그 문턱에 서 있는 셈이다. 그래도 어쨌든 희망은 간직할 일이다. 1990년대는 이런 면에서 대단한 진보의 원천이었다. 유엔은 리우 환경회의(1992), 베이징 여성회의(1995) 등을 소집했고, 2000년 9월에는 코피 아난 사무총장의 주도하에 191개 회원국이 '발전을 위한 새천년(21세기) 8개 목표'를 채택했다. 그 내용에 따르면 191개 회원국들은 특히 앞으로 2015년까지 전 세계의 빈곤을 절반으로 줄이기로 약속했다. 그런데 미국의 오바마 대통령도 유럽연합도 아직까지 이 계획의 실천 단계에서 기본적 가치에 근거해 자신들이 어떻게 기여할지 아무 말이 없다는 것이 나는 참으로 유감스럽다.

'분노하라'고 호소하는 이 글을 어떻게 끝맺으면 좋을까? 프랑스 전국 레지스탕스 평의회의 개혁안 발표 60주년을 맞아, 레지스탕스 운동과 자유 프랑스 투쟁(1940~1945)에 동참한 노전사(老戰士)로서 우리는 2004년 3월 8일에 이렇게 말한 바 있다. 분명 "레지스탕스에 동참한 형제자매들의 희생과 파시즘의 야만에 맞선 여러 나라의 단결 덕분에 나치즘은 궤멸되었다. 그러나 그 위협이 완전히 사라진 것은 아니며, 불의에 맞서는 우리의 분노는 여전히 그대로 살아 있다"[6]고.

그렇다. 이러한 위협은 아주 사라진 것이 아니다. 그래서 우리는 여전히 호소하는 것이다. "우리의 젊은이들에게 오로지 대량 소비, 약자에 대한 멸시, 문화에 대한 경시(輕視),

일반화된 망각증, 만인의 만인에 대한 지나친 경쟁만을 앞날의 지평으로 제시하는 대중 언론매체에 맞서는 진정한 평화적 봉기"를.

21세기를 만들어갈 당신들에게 우리는 애정을 다해 말한다.

"창조, 그것은 저항이며
저항, 그것은 창조다"라고.

주(註)

1   프랑스 전국 레지스탕스 평의회(CNR, Conseil National de la Résistance의 약자)는 1943년 5월 27일 파리에서 레지스탕스 운동의 8대 주류의 대표자들에 의해 비밀리에 결성되었다. 8대 주류란 제2차 세계대전 이후 가장 큰 두 개의 노동조합인 CGT(노동총연맹), CFTC(프랑스 크리스천 노동자 연합) 그리고 제3공화국의 주요 당파 6개였는데, 이 6개 당파 중에는 공산당과 SFIO(사회주의자들)도 들어 있었다. 프랑스 전국 레지스탕스 평의회는 같은 날인 5월 27일, 드골 장군의 위임을 받은 장 물랭―드골 장군은 대(對)나치 투쟁을 좀더 효과적으로 펼쳐가고 연합국 측에 대한 프랑스의 적법성을 강화하기 위해 이 평의회를 창설하고자 했다―주재하에 첫 회합을 가졌다. 드골 장군이 이 평의회에 부여한 임무는 프랑스 해방에 대비하여 정부의 개혁안을 짜는 일이었다. 이 개혁안을 두고 런던과 알제에 있던 CNR과 자유 프랑스 정부는 여러 차례 설왕설래하다가 1944년 3월 15일 CNR 정기회의에서 정식으로 채택했다. CNR은 이 개혁안을 1944년 8월 25일에 파리 시청에서

드골 장군 앞에 엄숙하게 제출했다. '언론에 대한 명령' 또한 같은 해 8월 26일에 공표되었다는 사실도 주목하자. 이 개혁안을 만든 주역 중 한 사람이 알자스 출신 랍비의 아들인 로제 갱스뷔르제였다는 것도 주목할 만한 일이다. 당시 그는 '피에르 비용'이라는 가명으로 프랑스 독립 국민전선—프랑스 공산당이 1941년에 창설한 레지스탕스 운동—의 사무국장을 맡고 있었으며 CNR과 그 상설 총국 내에서 이 운동을 대표하는 사람이었다.

2   노조활동가들의 추정에 따르면, 퇴직연금 금액이 원래는 퇴직 전 수입의 75~80퍼센트였다가 약 50퍼센트로 줄어들었다는 것인데, 이는 추정치다. 랭스(Reims)에 있는 샹파뉴 아르덴 대학교 경제학 전임 강사인 장 폴 도맹은 2010년 '유럽 월급생활자 연구소'의 의뢰로 '질병 시 보충 보험금'에 관한 소논문을 썼다. 이 글에서 그는 양질의 보충 보험에 드는 일이 앞으로는 직장 내 지위가 높아야만 누릴 수 있는 특권이라는 것, 또 가장 영세한 취약 계층은 보충 보험이 없어서 자기 돈으로 내야 할 분담금이 너무 큰 나머지 치료를 단념해야 한다는 것, 그리고 이 문제의 원천이 원급여를 더 이상 사회적 권리—1945년 10월 4일과 15일에 공표된 법령들의 핵심 포인트—의 토대로 삼지 않았다는 사실에 있다는 것 등을 밝혔다. 이 두 법령은 사회보장제도를 공표하고 이 제도의 관리를 노동자 대표와 국가가 맡도록 했다. 1995년 법령으로 공표된 쥐페의 개혁,■ 이어 2004년 두스트 블라지법■■이 발효된 이래 사회보장제도의 운영 주체는 국가뿐이다. 예컨대 국민건강보험

■ 당시의 총리인 알랭 쥐페가 추진한 사회복지제도 개혁을 말한다. 공무원 연금과 임금을 대폭 삭감하고 민영화를 추진하고자 했으나 3주에 걸친 노동자들의 격렬한 총파업으로 개혁은 실패로 돌아갔다.

공단(CNAM)의 최고 책임자를 법령에 의해 임명하는 주체는 국가원수다. 프랑스 해방 직후에는 각 도별 기초건강보험공단의 수장 직책을 노동자 대표인 노조 책임자들이 맡았지만 이제는 국가가 도지사를 통해 이를 임명한다. 이제 노동자 대표들은 그저 조언자 역할밖에 하지 못한다.

3 세계 인권 선언은 1948년 12월 10일에 파리에서, 유엔 58개 회원국 중 48개국의 동의로 채택되었다. 기권한 8개국은 다음과 같다. 남아프리카공화국(이 선언에 인종차별을 규탄하는 내용이 포함되어 있으므로 기권), 사우디아라비아(마찬가지로 이 선언에 남녀평등이 명시되어 있으므로 기권), 소비에트연방(러시아, 우크라이나, 벨로루스), 폴란드, 체코슬로바키아, 유고슬라비아(이들은 아마도 이 인권 선언이 경제적·사회적 권리 및 소수자들의 권리까지 다룰 만큼 진전된 내용이 아니라고 평가하여 기권). 유엔에 제출할 청원문을 검토하는 임무를 띤 '국제인권재판소'를 창설하자는 오스트레일리아의 제안에 특히 러시아가 반대했다는 점은 주목할 만하다. 또 여기서, 세계 인권 선언 제8조에 기본권 침해 시 개인이 국가에 맞서 문제제기를 할 수 있다는 원칙을 넣었다는 사실도 주목해야 한다. 유럽에서 1998년에, 앞에 말한 개인의 권리를 8억여 명의 유럽인에게 보장해줄 상설기관으로 유럽인권재판소가 창설되면서 이 원칙은 실제로 적용된다.

■■ 두스트 블라지 보건장관 당시 개정된 의료보험법으로, 보험의 남용과 악용 그리고 예산 낭비를 막기 위해 감사기구를 설치하고 3개의 주요 보험공단을 관장하는 새로운 상위기구를 설치하는 등 국가의 기능을 대폭 강화했다.

4   장 폴 사르트르, 『1947년 작가의 상황』, 「상황 I」(파리, 갈리마르, 1948)에 실린 글.

5   장 폴 사르트르, 「이제 희망이……(III)」, 『누벨 옵세르바퇴르』지 1980년 3월 24일자에 실린 글.

6   2004년 3월 8일 발표된 호소문에 서명한 사람들: 뤼시 오브락, 레몽 오브락, 앙리 바르톨리, 다니엘 코르디에, 필리프 드샤트르, 조르주 갱구앵, 스테판 에셀, 모리스 크리젤 발리몽, 리즈 롱돈, 조르주 세기, 제르맨 티용, 장피에르 베르낭, 모리스 부테.
　이 호소문은 젊은 세대에게 큰 반향을 얻었다. 2009년 5월 17일 스테판 에셀이 '어제와 오늘의 레지스탕스 시민(Citoyens Résistants d'Hier et d'Aujourd'hui)' 협회 주최로 글리에르 고원에서 열린 '레지스탕스의 발언(Paroles de Résistances)' 연례 모임에서 행한 즉흥 연설도 그러했다. 이때 에셀은 레지스탕스의 동기가 '분노'였음을 환기시키며, 이런 말을 했다. "여러분 각자가 나름대로 분노의 동기를 찾으십시오. 역사의 큰 흐름에 합류하십시오!" 이 연설을 유심히 들은 영화감독 질 페레는 훗날 이를 토대로 영화 〈발테르, 레지스탕스로 돌아오다〉를 만들었다. 이 연설이 바로 이 책 내용의 시발점이 되었다. '어제와 오늘의 레지스탕스 시민' 협회의 웹사이트 주소는 다음과 같다. www.citoyens-resistants.fr

편집자 후기

스테판 에셀, 그는 누구인가?

스테판 에셀은 1917년 독일 베를린에서 태어났다. 아버지 프란츠 헤셀(프랑스어 발음으로는 '에셀')은 유대인 출신의 작가이자 번역가였고, 어머니 헬렌 그룬트 역시 작가이자 화가이며 음악애호가였다. 그의 부모는 1924년, 장남 울리히와 차남 스테판을 데리고 파리에 정착했다. 이런 가정환경 덕분에 이들 형제는 파리의 전위 예술가들을 가까이서 보며 자랐는데, 그중에는 다다이즘의 기수 마르셀 뒤샹, 미국 조각가 앨릭잰더 콜더도 있었다. 1937년 프랑스인으로 귀화한 스테판은 1939년 파리 윌름 거리에 있는 고등사범학교에 입학하지만, 전쟁으로 학업을 중단한다. 그는 군에 징집되어 제2차 세계대전을 체험하고, 페탱 원수(元首)가 프랑스 국가 주권을 좌지우지하는 것을 목도한다. 1941년 5월 그는 런던으로 가서 드골 장군이 이끄는 '자유 프랑스'에 합류하여 중앙 정보·행동 담당 총국(BCRA)에서 일한다. 1944년 3월 말 어느 날 밤, 그는 '그레코'라는 암호명을 받아 프랑스에 밀입국한다. 파리의 여러 네트워크와 접촉하여 라디오 방송을 송출할 새로운 장소들을 찾아서 취합한 정보를 런던에 전해 연합군의 상륙을 도우라는 사명을 띠고 돌아온 것이다. 1944년 7월 10일, 그는 파리에서 누군가의 밀고로 게슈타포에 체포된다. 에셀은 1997년에 펴낸 회고록 『세기와 춤추다』에 이렇게 썼다. "고문에 못 이겨 입을 연 사람의 그 뒤 행적을 캐묻지는 않는 법이다"라고. 고문— 특히 물 담긴 욕조에 머리를 밀어 넣는 고문, 그러나 그는 이런 고문을 받으면서도 고문자들에게 모국어인 독일어로 말을 건네 그들을 당혹스럽게 했다—이 따르는 취조를 받고 나서 그는 1944년 8월 8일, 파리 해방을 불과 며칠 앞두고 독일 부헨발트 수용소로 보내졌다. 교수형을 당하기 바로 전날, 그는 극적으로 자기 신분을 같은 수용소 안에서 티푸스로 사망한 프랑스인의 신분과 바꿔치기한다. 이후 프레이즈 반(盤)■ 직공 미셸 부아텔이라는 새 이름으로 그는 독일 폭격기 융커(Junker)52의 착륙장치를 만드는 공장 부근의 로틀베로데 수용소로 이감된다. 그러나 다행히도 억세

■ 회전축에 고정한 칼날을 회전시켜 금속을 자르는 공작 기계.

게 운이 좋았던지 그는 회계부서로 배치된다. 그리고 탈출한다. 그러다 다시 잡혀 끌려간 곳은 도라 수용소로 V-1과 V-2■가 제작되는 곳이었다. 나치는 여전히 이런 무기들을 동원해 전쟁에 이기기를 바라고 있었다. 중죄를 범한 수용자들을 따로 모은 징벌부대에 배속된 그는 다시 한번 탈출을 시도해 이번에는 성공한다. 때마침 연합군이 도라 수용소 가까이로 진격하고 있었다. 마침내 그는 파리로 돌아와 아내 비티아와 재회한다. 그들은 슬하에 2남 1녀를 두게 된다.

"이렇게 삶을 되찾았으니, 이젠 그 삶을 걸고 참여해야 했다"라고 '자유 프랑스'의 옛 전사는 회고록에 쓰고 있다. 1946년 외무부 채용 시험에 합격한 스테판 에셀은 외교관이 된다. 그의 첫 직장은 국제연합(유엔)이었는데, 마침 그 해에 유엔 부사무총장 겸 인권위원회 간사 직책을 맡고 있던 앙리 로지에가 그에게 자기 보좌팀의 팀장으로 일해달라고 제안한다. 스테판 에셀은 이 직책으로 훗날 세계 인권선언이 될 문안을 작성하는 위원회에 합류한다. 이 위원회의 위원 12인 중에 6인이 특히 핵심적인 역할을 했다. 그 여섯 명은 다음과 같다. 엘리너 루스벨트(1945년 별세한 미국 대

■ 독일 공군 원수 헤르만 괴링의 명령에 따라 제작된 미사일로, V계열 무기는 독일어 Vergeltungs waffen(보복무기)의 V자를 따서 만든 무기들이다. V-1은 크루즈 미사일, V-2는 탄도 미사일을 가리킨다.

통령 루스벨트의 부인이며 참여적 여성운동가로서 이 위원회의 위원장을 맡음), 중국인 장(張) 박사(당시 중화인민공화국이 아니라 장제스가 통치하는 자유중국 사람이었다. 그는 이 위원회의 부위원장으로, 세계 인권 선언에 서양적 사고만 반영되어서는 안 된다고 주장했다), 레바논인 샤를 하비브 말리크(엘리너 루스벨트와 함께 이 위원회의 보고책임자를 맡았고, 종종 위원회를 이끌어가는 '동력원(動力源)'이라고 소개된 사람), 프랑스인 법률가이자 외교관 르네 카생(인권 문제에 관해 프랑스 외무부에 자문을 구하는 일을 담당한 위원회의 위원장으로 인권 선언의 여러 조항을 직접 작성했다. 프랑스를 포함한 여러 국가가 이 선언으로 말미암아 그때까지 자기들이 식민지에 행사하던 주권이 위협받을까 저어하는 와중에도 과감히 이 선언의 내용을 썼다. 그는 인권에 대해 엄격하고 개입주의적인 입장이었다), 존 피터스 험프리(캐나다인 변호사 겸 외교관, 로지에의 측근으로서 400쪽에 달하는 인권 선언 초안을 썼다), 그리고 이 책의 저자 스테판 에셀(프랑스 외교관으로, 로지에의 보좌팀에서 최연소자이면서 팀장을 맡았다). 이만하면 이 위원회에 '자유 프랑스'의 정신이 얼마나 많이 깃들어 있는지를 잘 알 수 있다. 유엔은 1948년 파리 샤이오 궁에서 열린 정기 총회에서 세계 인권 선언을 공식적으로 채택했다. 유엔에 신규 채용된 공무원들이 물밀듯이 들어오면서 그중 대다수는 보수가 많은 자리를 탐내 '이상을 추구하는 주변적 인물들을 고립'시켰다고 에셀은 회고록에서 술회하고 있다. 상황이 이렇게 되자 에셀은 유엔을 떠난다. 프랑스 외무부는 그를 국제기구의 프랑스 대표부에 근무하도록 발령했다. 에셀에게는 이것이 뉴욕에 그리고 유엔에 잠시나마 복귀할 기회였다. 알제리 전쟁 기간에 그는 알제리 독립을 위해 투쟁했다. 1977년 엘리제 궁■의 비서실장 클로드 브로솔레트—BCRA의 국장을 역임한 피에르 브로솔레트의 아들—와 뜻이 잘 통하는 에셀에게 발레리 지스카르 데스탱 대통령은 유엔 제네바 사무국 주재 프랑스 대사직을 제안했다. 에셀은 프랑스의 국가 요직을 맡은 어느 누구보다도 자신이 가장 가깝게 생각하는 사람이 피에르 망데스 프랑스라는 것을 굳이 감추지 않았다. 그와 피에르 망데스 프랑스는 '자유 프랑스' 시절 런던에서 알게 되었고 그 후 1946년 뉴욕에서 재회했는데, 당시 피에르 망데스 프랑스는 유엔 경제사회이사회에 파견된 프랑스 대표로 일하고 있었다. 에셀의 회고록에 따르면 "프랑스 정부 내의 이 변화" 덕분에 그가 '종신 프랑스 대사' 지위를 갖게 된 것이라고 한다. 이때 변화란 1981년 프랑수아 미테랑이 프랑스 대통령으로 선출된 일이다. 에셀은 "그 변화로 말미암아 다국간(多國間) 협력 부문만을 담당하던 전문가로서 정년퇴직을 2년 앞둔 외교관이었던 내가 프랑스 대사가 될 수 있었던 것이다"

■ 프랑스 대통령의 거처이자 집무실.

라고 썼다. 이후 그는 사회당에 입당한다. "사회당에 들어간 이유를 나 스스로 물어본다. 왜 입당했느냐고? 첫 번째 답은 1995년의 충격이었다. 프랑스인들이 설마 자크 시라크를 대통령으로 뽑을 만큼 신중치 못할 줄이야 나는 상상도 하지 못했다." 이후 외교관 여권을 소지한 그는 첫 부인과 사별한 후 재혼한 아내와 함께 2008년과 2009년에 팔레스타인 가자 지구를 방문하고 돌아와서는 그곳 주민들의 고통스러운 삶에 대해 증언했다. 그리고 같은 시기에 그는 이렇게 단언했다. "나는 언제나 아닌 것을 아니라고 말하는 사람들 편에 서왔다."

93세의 노령에도 쩌렁쩌렁한 음성으로 여기 이 책을 통해 우리에게 이야기하는 사람, 스테판 에셀이 바로 그 사람이다.

실비 크로스만(앵디젠 출판사 편집인)

한국어판 출간에 부쳐

저자와의 인터뷰

● 이 글은 2011년 4월에 옮긴이가 지은이와 이메일로 진행한 인터뷰로서 본문의 내용을 보완하는 열 가지 질문에 대한 지은이의 답변이다.

1. 격동의 20세기를 참으로 파란만장하게 살아오신 것 같습니다. 책에 소개된 프로필 외에 그간 어떻게 살아오셨는지 좀더 구체적으로 들려주세요.

내가 태어나고 자라난 우리 집안의 분위기는 관습과는 거리가 멀었습니다. 우리 어머니는 참 자유로운 분이었지요. 어머니는 시인 라이너 마리아 릴케, 『멋진 신세계』를 쓴 소설가 올더스 헉슬리, 화가 막스 에른스트 등과 가까운 친구 사이였고, 1920~1930년대에 모 신문 패션 담당 기자로 일한 신여성으로, 지성과 행복 양쪽 모두 결코 포기한 적 없는 분이었습니다. 말년에 어머니는 나보코프의 소설 『롤리타』를 번역하기도 했습니다. 제가 세 살 때, 어머니는 내 아버지 프란츠 에셀의 절친한 친구인 앙리 피에르 로셰와 사랑에 빠졌습니다. 예사롭지 않은 이 삼각관계에 얽힌 이야기를 바탕으로 영화감독 프랑수아 트뤼포는 훗날 걸작 영화 〈쥘과 짐〉을 만들었지요.

제 입장에서, 어머니가 아버지 아닌 다른 남자와 산다는 것은 거슬리는 일이 아니었습니다. 두 사람은 서로 사랑했고, 아버지도 그 사랑에 동의했으니까요. 아버지는 이를 비도덕적인 일로 여기지 않았습니다. 뿐만 아니라 이 일은 일찍이 나라는 인간을 형성하는 데 아주 깊은 곳까지 영향을 주었습니다. 그래서 일찍부터 저는 세간의 도덕이나 윤리 같은 것과는 거리를 두게 된 것 같습니다. 결국 도덕이란 타인들과 사회가 만들고 우리에게 강요하는 규범에 순응하는 것일 터입니다. 또 윤리란 완성된 것이 아니라 여전히 만들어가야 할 것, 즉 발명이며 창조(말하자면 결국 각자 자기만의 자유를 얻어내는 일)일 테니까요.

우리 아버지, 앙리 피에르, 그리고 나, 이 세 사람 중에 우리 어머니 헬렌의 사랑을 가장 많이 받은 사람은 바로 나라는 확신이 있었습니다. 그랬기에 내가 더 마음 편하게 살 수 있었던 것입니다. 아주 일찍부터 어머니는 나에게 어떤 의무라도 지우듯이 말씀하시곤 했습니다. "네가 행복해야 남도 행복하게 해줄 수 있는 법이야. 그러니 항상 행복해야 한다." 그래서 나는 행복해지려고 참으로 열심히 노력했습니다. 언젠가는 정신분석 전문가한테서 이런 말까지 들었습니다. "당신은 자신이 신인 줄 아시나 보네요"라고. 물론 이건 농담이겠고, 아무튼 어머니의 사랑과 행복으로부터 큰 힘과 희망을 얻은 것은 사실입니다. 훗날 어떤 곤경에 처했을 때도 이 힘과 희망만은 결코 잃은 적이 없습니다. 1939년 스물두 살 때 파리의 고등사범학교에 입학했고, 장 폴 사르트르라는 스승 같은 선배를 발견했습니다. 그는 내게 '참여'해야 한다는 것을 가르쳐주었습니다. 같은 해 제2차 세계대전이 터졌고, 그 후 당연하게도 나는 당시 런던에 있던 드골 장군 밑으로 가서 중앙 정보·행동 담당 총국에서 일하다가 1944년 3월 비밀리에 다시 프랑스로 파견되었습니다. 프랑스 국내 레지스탕스 세력이 연합군 상륙 작전 성공을 위해 영국에 정보를 송출할 수 있도록 새로운 방송 장소를 찾는 일을 도우라는 사명을 띠고 온 것입니다. 그러다 누군가의 밀고로 게

슈타포에 체포됩니다. 그래서 여러 군데의 나치 강제수용소에 들어가 살았습니다. 그런데 번번이 정말로 운이 좋았습니다. 위기가 닥칠 때마다 기적적으로 살아남았고, 그래서 생존자로서의 책무를 부여받은 것입니다. 전쟁이 끝날 무렵, 나는 또 다른 전투에 삶을 바쳐야겠다고 절실하게 느꼈습니다. 그 전투란 특히 1948년 세계 인권 선언문 작성에 동참해서 식민지 해방의 실현을 이끌어낸 일, 불법체류자들과 이민자들의 권익을 수호하는 일, 이제는 이스라엘이라는 국가와 어깨를 나란히 하여 자신의 나라를 가질 권리가 있는 팔레스타인 사람들을 옹호하는 일을 말합니다.

2. 올해 94세의 고령이신데도 정말 정정하게, 열정적인 삶을 살고 계신 듯합니다. 100세를 몇 년 앞두신 노령에도 그러한 강건함과 용기는 어디서 비롯되는 것인지 그 비결이 궁금합니다.

나의 비결, 그것은 물론 '분노할 일에 분노하는 것'이죠. 그리고 또 하나의 비결은 '기쁨'입니다. 인간의 핵심을 이루는 성품 중 하나가 '분노'입니다. 분노할 일에 분노하기를 결코 단념하지 않는 사람이라야 자신의 존엄성을 지킬 수 있고, 자신이 서 있는 곳을 지킬 수 있으며, 자신의 행복을 지킬 수 있습니다. 따로 또 같이, 정의롭지 못한 일이 자행되는 곳에 압박을 가하는 것이 우리 각자가 해야 할 일입니다. 이런 문제들을 제대로 인식하고 이해하려 애쓰는 것은 우리 각자의 몫입니다. 그래서 이렇게 말할 수 있게 되어야 합니다. "나 나름으로 어떻게 문제해결에 참여할 것인가." 이 참여가 사람을 행복하게 합니다. 나는 그야말로 행복한 인간의 표본이라고 할 수 있는 사람입니다. 이 말은 괜한 빈말이 아닙니다. 물론 그간 한평생 살아오면서 적(敵)도 많았고, 절망의 순간도 있었으며, 어리석은 일을 저지른 적도 있습니다. 이런 것에 자격지심이 들 수도 있을 테지만, 그래도 어쨌든 내 인생은 긍정적인 사건들의 연속이었다고 봅니다. 제2차 세계대전 때 수용소에 끌려간 것도 지금 와서 생각해보면 긍정적인 일 같습니다. 물론 그 당시에야 끔찍했지만, 지나고 나서 보니 긍정적이라는 것이죠! 세상을 94년이나 살고도 여전히 이렇게 혼잣말을 합니다. "이렇게도 다양하고 풍요롭고 힘찬 삶을 살아왔다니! 굉장한 연애도 해보았고! 그러니 난 얼마나 운이 좋은 사람인가!" 삶은 우리에게 가르쳐줍니다. 남에게 베풀고 싶은 마음과 베푸는 기쁨을. 남들을 사랑하고, 그들을 위해 책임을 감수하는 것. 어떤 경우에도 남에게 베풀고 싶다는 마음, 이 마음을 북돋워야 합니다. 사람을 책임 있는 인간으로 만드는 것이 바로 그 마음이기 때문입니다. 우리의 지성과 감성을 키워주는 것이 바로 그 마음이기 때문입니다. 마음은 끊임없이 교육을 통해 계발해야 하며, 마음 교육을 위해서는 상상력의 힘을 빌려야 합니다.

'정신(esprit)'이 이성(理性) 쪽에 더 잘 반응한다면, '마음(coeur)'은 상상력이 발휘될 때 더 잘 반응합니다. 마음과 정신 양쪽을 다 계발하려면 평소에 시(詩)를 암송하는 연습을 할 필요가 있습니다. 나는 시간을 꽤 많이 들여 시를 읽고 또 암송하곤

합니다. 암송하여 기억 속에 차곡차곡 쌓인 시 구절들의 아름다움, 이것도 나의 행복에 큰 도움이 됩니다. 나의 내면 곳곳에 시가 깃들어 있고, 살아오면서 최악의 순간에도 시의 도움을 받았습니다. 나치 독일의 강제수용소에 갇혀 있을 때도 셰익스피어, 괴테, 횔덜린의 시구에 담긴 운율의 힘을 빌려 마음을 달래곤 했습니다. 나에게 시란 명상과도 같습니다. 이제는 기억 속에 생생하게 살아 있는 여러 편의 시들 덕분에 편안하게 죽음을 받아들일 준비가 되어 있습니다. 그렇습니다, 죽음이란 마치 맛있는 음식을 먹는 것과도 같습니다. 우리는 절대적으로 그 죽음을 생생히 '살아내야' 합니다. 어쩌면 이 생을 다 마치고 나면 우리의 모습은 사라지더라도 우리는 주변 사람들의 기억 속에 시적인 정서로 남을지도 모릅니다.

그건 그렇고, 원래의 질문으로 돌아가서 대답해볼까요. 그렇습니다, 길게 보면 저는 낙관주의자입니다. 이건 저처럼 나이 많은 노인이 지니는 특권이지요. 이 나이까지 살다 보니 다행히도 여러 가지 희망들이 실현되는 것, 여러 가지 일들이 발전하는 것을 볼 수 있었지요. 예를 들자면 인권 문제가 그러합니다. 50년 사이에 세상이 얼마나 바뀌었는지 보세요. 히틀러, 스탈린, 심지어 마오쩌둥도 가고 다른 사람들이 그 자리를 메웠지요. 그뿐만이 아닙니다. 이 시기에 많은 식민지들이 해방되었습니다. 또한 오늘날은 우리가 사는 이 지구의 미래에 대한 경고가 부각되는 시대입니다. 물론 모든 문제가 해결된 것은 아니지만, 우리가 사는 세상은 진일보했고, 우리는 부단히 노력했으며, 여러모로 나아졌습니다. 이제는 새로이 제기되는 질문들에 새로운 답을 해야 할 시기입니다. 내 나이가 되면 살아온 세월 덕에 사물을 보는 절제된 시각이 생깁니다. 살아온 인생을 되돌아보며 미소 지으면서 "그래, 이거였어!"라고 혼잣말을 할 수 있게 됩니다.

그렇습니다, 저는 여전히 인간을 신뢰합니다. 물론 바람직한 것이 다 실현되려면 아직도 멀었지만, 70억 인류의 두뇌가 있고 줄곧 이어지는 인류의 흐름이 있으니, 현재와 다른 무언가를 할 수 있는 방도가 있는 셈이지요.

3. 이 책을 집필하시게 된 동기는 무엇인지요?

이 책은 실비 크로스만, 장 피에르 바루, 두 분의 뜻에 힘입어 태어날 수 있었습니다. 이 두 분은 프랑스 남부의 도시 몽펠리에에 있는 매우 주목할 만한 출판사(앵디젠)를 이끌어가고 있습니다. 이 출판사에서는 비단 프랑스뿐만 아니라 유럽 전역의 레지스탕스 활동, 그리고 오스트레일리아 원주민, 미국 서부의 아메리칸 인디언, 캐나다 북부의 이누이트족(에스키모), 티베트 민족 등 산업화에 휘말리지 않은 사회에 관한 책들을 내고 있습니다. 이 두 분은 서구 사회와는 다른 유형의, 물질적 발전이 아닌 정신적 발전을 최선의 토대로 삼는 근대성을 생각하고 있습니다. 이 두 분은 내가 2009년에 글리에르 고원에서 발표한 호소를 직접 와서 들었습니다. 그 연설에서 나는 젊은이들에게 '분노할 의무'가 있다고 강조했습니다. 그 후 두 분이 나를 만나러

왔고, 우리 세 사람은 '젊은이들은 분노할 줄 알아야 한다'라는 주제를 놓고 대화를 하여 이를 녹음했습니다. 그 내용이 이 작은 책이 된 것입니다.

4. 이 책은 출간 이후 프랑스뿐 아니라 세계적으로 매우 큰 반향을 불러일으키고 있습니다. 집필 당시 이런 반응을 예상하셨는지요? 독자들의 폭발적인 반응을 보고 어떤 생각이 드시나요?

이 책은 프랑스에서만 200만 부 가까이 팔렸고, 유럽의 거의 모든 나라에서 번역본이 나왔거나 현재 준비 중입니다. 유럽 이외의 국가로는 한국, 일본, 브라질, 미국 등이 있고, 심지어 중국에서도 올해 6월에 이 책의 번역본이 나올 예정이라고 합니다! 저자인 저 자신도 깜짝 놀라고 있습니다! 제목이 지닌 호소력, 그리고 저렴한 책값 때문에 폭넓은 호응을 받을 수 있었던 듯합니다. 그러나 그것을 뛰어넘는 놀라운 연금술이 있었다고 봅니다.

이 작은 책이 역사적으로 중요한 순간에 때맞춰 세상에 나왔다는 것이 제 생각입니다. 이미 10여 년 전부터 우리는 세계화된 사회에 살고 있습니다. 이 사회는 더 이상 개개인의 노력에 응분의 보답을 해주지 않는 사회입니다. 사람들은 모두 자신이 진정으로 신뢰하지도 않는 체계 속에 어느새 편입되어버렸습니다. 역사를 통해 볼 때, 우리에게 일어나는 일이 우리의 관심을 끌고 우리의 믿음을 자아내는 시기들이 있었습니다. 그런 시대에는 사람들이 기꺼이 참여를 하고, 일들도 순조롭게 이루어져 갑니다.

하지만 그렇지 못한 시기도 있습니다. 그런 시기에는 사람들이 이런 독백을 합니다. '아니 도대체 어디로 가자는 거야?' 우리가 지금 살고 있는 시기가 바로 이런 시기입니다. 해야 할 일을 제대로 이루지 못하고 있는 유럽, 국민에게 인기 없는 대통령이 통치하는 프랑스, 동·서독의 공존 문제를 아직까지 완전히 해결하지 못한 독일, 훌륭한 인물을 대통령으로 뽑았지만 그가 원하는 바를 마음대로 할 수 있는 여지를 주지 않는 미국, 어디든 한마디로 우리는 시민 대중이 보기에도 매우 불안해진 사회에 살고 있습니다.

바로 이 시점에 시민 대중은 묻습니다. 우리는 어디로 가고 있는가? 나는 지금 어디에 있는가? 내게 닥치는 일들에 대해 문제제기를 하는 것이 옳지 않겠는가?

바로 이런 이유에서 저는, 이 작은 책이 온 세상에 널리 알려진 이때야말로 이 세계의 아주 중요한 시기가 아닌가 싶습니다. 이 책은 또한 어떻게 보면 정치적 윤리를 설파한 것이기도 합니다. 정치적 행동을 취할 때 반드시 염두에 두어야 할 윤리적 기본이 있습니다. 나이 많은 사람들은 자신의 체험에서 요즘 사람들에게 들려줄 메아리를 찾습니다. 그러면 젊은 세대는 그 메아리가 전하는 메시지에 관심을 기울입니다. 그렇습니다, 겨우 본문 20쪽밖에 안 되는 제 책이 이렇게 괄목할 만한 성공을 거둔 것은 전 세계 시민들이 광범위하게 절감하고 있는 문제제기에 화답을 했기 때문입니다.

그리고 책에 담긴 메시지를 넘어서, 이 책을 잘 표현한 글이 최근 『르몽드』지 서평 머리기사로 게재된 다음과 같은 제목의 글입니다. "레지스탕스, 현재를 감전시키다—'분노하라!'는 현재의 우리들이 적절히 포착해 이용할 대상으로서, 전달의 몸짓으로서 더욱더 관심을 모으는 책이다." 왕년에 레지스탕스에 뛰어들었던 한 노인이 역사에, '그들의' 역사에 의미를 부여하기 위해 노심초사하는 젊은이들에게 전달하는 메시지인 것입니다.

5. 과거의 레지스탕스 정신과 전통이 오늘날 어떻게 계승되고 반영된다고 생각하시는지요?

1944년 5월 채택된 '프랑스 전국 레지스탕스 평의회'의 개혁안은 치열한 현실성을 띤 내용이었다고 나는 확신합니다. 그것은 현실에 그대로 적용할 수 있는 텍스트였습니다. 우선 길이가 짧았고, 내용 또한 군더더기 없이 핵심을 짚어냈습니다. 제 생각으로는 보편적인 가치들이 존재하는데, 그 가치란 저에겐 진보의 역사적 가치들입니다. 다시 말해 프랑스 혁명의 가치, 전국 레지스탕스 평의회가 온 힘을 쏟았던 해방을 위한 노력의 가치, 이런 것들입니다. 이 가치들이 너무도 중요하기에 역사적으로 다른 이들이 이를 계승한다 해도 변하는 것은 하나도 없습니다. 중세 때부터 1945년까지, 1789년부터 2010년까지, 이 가치들은 변함없이, 사회가 잘 되어갈 수 있다는 희망의 토대 역할을 합니다. 잘 되어가는 사회란 무엇입니까? 모든 시민에게 생존의 방편이 보장되는 사회, 특정 개인의 이익보다 일반의 이익이 우선하는 사회, 금권에 휘둘리지 않고 부가 정의롭게 분배되는 사회입니다.

세 단어로 짧게 줄이면 여전히 이것입니다. '자유, 평등, 박애'!

그런데 역사의 어느 시기에는 이 가치들이 다른 때보다 더욱 심각하게 문제시됩니다. 지금의 현실이 바로 그러합니다. 레지스탕스가 쟁취한 사회적 기반이 흔들리고 있습니다. 이 가치들 중 어느 하나라도 훼손되는 것을 그냥 보아 넘길 수 없는 사람이라면 누구든 이에 분노하지 않을 수 없을 것이며, 프랑스의 긍정적 미래를 위해 힘을 보태려 할 것입니다.

6. 만약 다시 20대로 돌아간다면 어떻게 살고 싶으세요? 또 오늘날의 레지스탕스는 어때야 한다고 생각하시는지요?

앞에서도 말했지만 저는 행복한 사람이며, 설령 인생을 다시 살 수 있다 해도 지금과 전혀 다르게 살아보겠다는 생각은 한 적이 없습니다.

그런데 제가 최근에 스페인 마드리드에 가서 유명한 작가이자 경제학자인 호세 루이스 삼페드로와 만날 기회가 있었습니다. 이 책의 스페인어 번역본에 서문을 쓴 분입니다. 어느 젊은이가 그에게 바로 이와 같은 질문을 하더군요. 그랬더니 그는 이렇게 답했습니다. "설령 다시 살 수 있다 해도 나는 지금 여기서, 당신 앞에서, 우리가 하고 있는 이 일을 할 것입니다. 우리는 자유롭게 생각하려고 노력합니다."

자기 나름으로 자유롭게 생각하는 것, 광고 메시지나 언론이 전하는 말에 속아 넘어가지 않는 것, 이것이 중요합니다. 자유로운 사고를 해야만 자유롭게, 양심에 입각해서 행동할 수 있기 때문입니다. 그리고 젊은이들은 옛날 레지스탕스 당시에 우리가 했던 것처럼 네트워크를 이용해야 합니다. 오늘날 젊은이들은 페이스북, 트위터 등 인터넷상의 각종 네트워크(SNS)를 자유자재로 이용할 수 있습니다. 아랍 세계의 젊은이들은 이런 일을 훌륭히 해냈고, 그리하여 독재자를 축출하는 쾌거를 이룬 것입니다.

7. 현재 튀니지, 이집트, 리비아, 시리아 등 이슬람·아랍 세계에서 민주화 요구가 한창입니다. 이 흐름을 어떻게 보고 계신지요?

제가 보기엔 이렇습니다. '문명들의 충돌에서 오는 충격이 있다. 그러니 될 수 있으면 우리의 문명을 단단히 수호하고, 밀려오는 다른 문명에 침식당하지 않게 조심하면서 이 충격에 대비해야 한다'는 입장은 이미 시효가 다 된 것 같습니다. 이와 반대로 세계 도처에서 이제는 기본적 가치들이 똑같은 방식으로 체험되고 있다는 걸 절실히 느낍니다. 이 체험은 곳곳에서 똑같은 방식으로 이루어졌으며, 곳곳에서 사람들은 똑같은 유감—우리 모두가 잘 알고는 있지만 감히 접근하지 못했던 질문들을 걸으로 표현할 수 없다는 유감―을 느꼈던 것입니다.

튀니지와 이집트의 문제들은 바로 이런 문제들입니다. 사람들은 압제 속에 산다는 것을 알면서도 감히 행동할 엄두를 내지 못했던 것이지요. 그런데 튀니지의 젊은이들, 이집트의 젊은이들은 이렇게 말했습니다. "압박을 받으면 저항할 줄 알아야 한다. 이슬람 문명이 민주주의와 양립할 수 없는 문명이라면, 그 문명 속에 갇힌 채 무력하게만 있어서는 안 된다." 이제 우리는 도처에 독재와 압박에 순응하지 않는 깨어 있는 국민들이 있다는 것을 압니다. 그리고 그 사실을 믿을 수 있습니다. 미얀마나 그 밖의 나라들을 보십시오. 이런 나라의 수는 점점 늘어나고 있습니다. 지금은 아주 소중한 시기입니다. 특히 이렇게 떨치고 일어난 이들이 다시 좌절해서는 안 됩니다. 세계 곳곳마다, 때는 왔습니다! 전에는 피할 수 없는 것이라고 쉽게 체념해버리던 일들을 이제 그냥 당하고 있지만 않고 이에 맞서 일어설 때가 온 것입니다. 특히 점점 더해만 가는 경제권력, 금융권력의 압제에 맞서 싸울 때가 온 것입니다.

8. 비폭력 원칙에 대해서는 어떻게 생각하시는지요?

이 작은 책의 내용 중에서 가장 마음에 드는 것이 있다면 바로 '비폭력에 대한 호소'입니다. '저항해야 한다'는 말은 내 마음속 생각을 100퍼센트 있는 그대로 드러내는 표현은 아닌 것 같습니다. 제 이야기는 혁명을 하자는 것이 아닙니다. 혁명은 이미 여러 차례 경험했고, 그 혁명들은 대개 안 좋은 방향으로 귀결되곤 했습니다.

  나는 호소합니다. 우리의 정신을 완전히 개혁하자고. 폭력은 거부해야 합니다. 우선, 효과가 없기 때문에 그래야 합니다. 폭력 행위로 말미암아 사람들의 마음속에는 증오만이 더욱 깊이 뿌리내리며 복수심이 더욱 불타오를 뿐입니다. 폭력은 폭력의 악순환을 더욱 심화시킵니다. 미래로, 희망으로 향한 문을 닫아버리게 합니다. 그래서 책에도 썼듯이 제가 보기엔, 혹시 폭력적일 수 있는 것이 있다면 그것은 오직 희망뿐입니다. 이 책에 제가 좋아하는 시인 아폴리네르의 「미라보 다리」에 나오는 한 구절을 인용했지요. '희망은 어찌 이리 격렬한가!'라고.

  하지만 꼭 알아두십시오! 비폭력이란 손 놓고 팔짱 끼고, 속수무책으로 따귀 때리는 자에게 뺨이나 내밀어주는 것이 아닙니다. 비폭력이란 우선 자기 자신을 정복하는 일, 그다음에 타인들의 폭력성향을 정복하는 일입니다. 참 어려운 구축(構築) 작업입니다. 이 점, 우리 서양인들은 아시아 사회에서 배울 점이 많습니다. 저는 미얀마에서 아직도 저항을 계속하고 있는 아웅산 수지 여사를 대단히 존경합니다. 그분과 최근 오랜 시간 전화 대담을 나누었고, 이 내용 또한 책으로 나왔습니다. 겉으로는 연약해 보이는 여성이지만, 이분의 내면의 힘을 느끼고 큰 감동을 받았습니다. 물론 간디에게서도 많은 영감을 받고 있습니다.

9. 책에서 강조하신 '창조적 저항의식'으로 무장하기 위해서는 구체적으로 어떤 실천방법이 있을까요?

참여의 방법은 다양합니다. 그중에 가장 간단한 것은 어느 한 정당을 지지함으로써 확실히 참여하는 방법입니다. 정당은 선거를 통해 정권을 잡으려 하며, 그러기 위해서는 국민의 강력한 지지가 필요합니다. 그러므로 젊은이들이 자기 뜻에 맞는 정당에 투표를 통해 지지를 표명해야 합니다. 어떤 일이 있어도 기권하지 말고 꼭 투표해야 합니다. 이것이 첫 번째 형태의 참여입니다.

그러나 현 상황에서 이것만으로는 불충분합니다. 어떤 특별한 대의를 위해 활동하는 기구, 협회, 운동 등에도 참여를 해야 합니다. 예컨대 세계인권연맹, 앰네스티 인터내셔널, 또 그린피스 같은 환경운동 단체에도 참여할 수 있습니다. 또한 조합(組合) 활동에도 참여해야 합니다. 과거를 돌이켜보면, 여러 노동조합들은 레지스탕스 운동의 일원이었으며, 그들은 전국 레지스탕스 평의회에 동참했고 레지스탕스의 전체 기획을 짜는 데도 힘을 합쳤습니다. 그들은 경제적·사회적으로 좀더 큰 정의가 자리잡는 데 상당한 역할을 했습니다. 물론 우리가 살고 있는 이 시대는 민주주의라는 미명하에 실은 만족스럽지 못한 현실들이 숱하게 존재하는 시대입니다. 나는 많은 사람들이 투표하지 않고 기권하는 이유가 이 때문이라고 봅니다.

제도들이 민주적으로 잘 돌아가게 되기까지 시민들의 참여가 얼마나 절대적으로 필요한지를 일반인들이 항상 잘 깨닫고 있는 것은 아닙니다. 교육이 부족해서 그럴까요? 교육도 부족하지만 정치적 창의성도 부족합니다. 시민과 통치자 사이의 관계가 제대로 이루어지도록 새로운 방법을 찾아야 합니다. 이것을 '참여 민주주의'라고 부를 수도 있겠습니다. 그러나 이 표현도 여전히 좀 막연합니다. 사실은 보통선거 방식으로 여러 후보 중 최다 득표자를 선출하는 것—지방선거든 전국선거든—만이 여러 제도를 제대로 기능케 하는 민주적 형태는 아니라는 것이 제 생각입니다. 왜? 이런 방식으로 일단 선출된 대표자는 더 이상 시민들이 원하는 바, 생각하는 바에 크게 신경 쓸 필요가 없으니까요. 그렇다면 한 단계 높은 정치적 창의성은 우리 제도에 무엇을 요구할까요? 그 제도가 새로운 모습으로 작동되기를 요구합니다.

10. 부자들에 의한 미디어 독점과 언론 독립 정신의 훼손을 매우 우려하고 계십니다. 이는 전 세계적으로 매우 심각한 상황인 듯한데, 시민들 개개인 혹은 언론 종사자들이 이런 상황에 어떤 식으로 대처해야 한다고 보시는지요?

언론이 점점 더 부자 주주들과 그들을 뒷받침하는 사람들의 손에 좌지우지된다는 것은 확실합니다. 나는 언론 독립을 수호하려는 노력에 있어 언론 종사자들이 제몫을 해주리라 믿습니다. 그러나 우리 프랑스인들이 해방 직후 얻어냈던 것, 즉 독자와 국가가 적극 뒷받침하는 능동적 언론은 지금 너무도 심각하게 훼손되었습니다. 진정 독립적인 언론사가 살아남을 수 있도록 참여하는 일, 그 일이 다시금 정치하는 사람들의 최우선 목표가 되어야 합니다. 그러나 그건 비단 정치인들만의 몫이 아니라 우리 모두가 치러야 할 전투이기도 합니다. 얼마 전부터 가장 중요한 문제로 떠오르는 생태 문제와 함께 말입니다.

이 문제를 정말로 온몸으로 껴안고 해법을 찾지 못한다면 우리는 앞으로 몇십 년 안에 달이나 화성으로 피난을 떠날 운명에 처할 수도 있습니다. 그때쯤이면 지구상에서는 도저히 이 문제를 해결하기가 어려울 것입니다.

오늘날 모든 문제들은 상호의존적입니다. 인류가 이 땅에서 사는 방식을 전반적으로 재고(再考)하지 않으면 해결책이 없습니다. 극도의 빈곤 문제가 생태 문제와 연결되어 있습니다. 또 이 두 문제는 테러리즘 문제와도 연관됩니다. 다시 말해 우리 각자 안에 내재한, 그리고 우리가 반드시 다른 것으로 전환하려 노력해야 할 '폭력의 필연성'■을 어떻게 받아들일까 하는 문제 말입니다. 이런 문제들에 관해 우리는 누구라 할 것 없이 다 함께 행동을 취해야 할 것입니다.

■ 걸핏하면 폭력으로 문제를 해결하려는 경향을 말한다.

추천사

'분노'와 '평화적 봉기'가
세상을 바꾼다

조국(서울대 법학전문대학원 교수)

이 소책자는 반나치 레지스탕스 운동가였고 세계 인권선언문 초안 작업에 참여한 외교관이었던 93세의 스테판 에셀이 프랑스 사회에 보내는 공개유언이다. 이 책자의 출판 소식이 한국에 소개된 직후 운 좋게도 프랑스에 거주하는 페이스북 친구 임영리 씨로부터 저자가 나에게 보낸 친필서명이 있는 책자를 선물로 받았다. 프랑스어 실력이 형편없어 번역은 엄두도 못 내었지만, 이 책자가 한국에도 빨리 소개되었으면 좋겠다고 소망하고 있었는데 마침 돌베개 출판사에서 번역판을 내게 되어 참으로 기쁘다.

분노는 삭이는 것이 바람직하다는 삶의 지혜가 널리 퍼져 있는 한국 사회에서 "분노하라!"라는 직설적·선동적 메시지는 생경하게 들릴 수 있다. '마음공부'를 통하여 수시로 일어나는 심화(心火)를 직시하고 가라앉히는 것의 중요함을 나도 잘 알고 있다. 그러나 이 '마음공부'가 '공분(公憤)'과 '의분(義憤)'의 불씨를 마음속에서 꺼버리는 것으로 귀결되어서는 안 된다. 화의 뿌리가 사적인 것이 아니라 공적인 것일 때는 그 공적인 원인을 해결할 때만 화는 사라진다. 사실 세상의 진보는 불의에 대한 분노에서 시작하지 않았던가. 시민이 세상일에 관심을 끊거나 냉소를 보내면서 각자도생(各自圖生)의 길을 걸을 때 세상의 불의는 승승장구하며 확대 재생산되기 마련이다.

『분노하라』는 얇은 소책자이기에 단박에 읽을 수 있다. 그러나 던지는 화두는 묵직하다. 이 책자를 읽으면서 나는 저자가 프랑스 사회에 던지고자 하는 메시지가 한국 사회에도 의미를 가질 수 있음을 바로 알 수 있었다. 그래서 통상의 추천사 형식과는 다른 '선동문'을 쓰기로 마음먹었다. 저자가 던진 메시지의 주요 주제와 직결된 한국 사회의 문제에 대해 저자의 표현과 문장을 활용하면서.* 점잖지 못하게 자극적 언사를 내뱉는다고 비난하는 사람들이 제법 있으리라. 그러나 왜 국립대 법대 교수가 나서서 '선동질'까지 해야 하는지를 유념해주길 바란다. 저자의 말처럼, 지금은 분노가 필요한 때가 아닌가.

1970~1980년대 우리는 군사독재에 맞서 '군사적'으로 싸웠다. 거칠었다고, 과격했다고 비난해도 좋다. 폭압적 정치권력과 천민 자본주의에 대해 분노하지 않을 수 없었다. 민주화운동의 기본 동기는 실로 분노였다. 수많은 열사와 투사가 나올 수밖에 없었던 현실은 처참하고 비통했다. 그리하여 각자가 각자의 방식으로 "인간의 책임이라는 이름

---

* 이하의 큰따옴표를 친 인용구 중 출처를 별도로 명기하지 않은 것은 모두 스테판 에셀의 표현이다.

을 걸고 참여"했다. '국가폭력'에 맞서 화염병을 던지고 짱돌을 던지는 등 '폭력'을 행사했다. 그러나 그 '대항폭력(counter-violence)'의 행사는 '사회적 정당방위'라고 주장하면서도 그로 인해 사람이 다칠 때는 몹시 자괴하고 고민했다.

당시 우리는 무엇을 꿈꾸었는가. 자유로운 선거를 통해 대통령, 국회의원, 자치단체장 등 대표자를 직선으로 뽑는 것, 시민의 표현의 자유가 보장되는 것, 야당과 자유로운 언론의 존재가 보장되는 것, 국가권력이 시민의 인권을 자의적으로 박탈·제약하지 못하게 하는 것 등이 당시 우리들의 절박한 꿈이었다. 수많은 사람들의 피와 땀 덕분에 정치적 민주화가 이루어졌고, 이후 이 꿈의 상당 부분은 실현되었다.

그러나 이명박 정권 출범 이후 한국의 정치적 민주주의가 대거 그리고 급속히 후퇴하고 있기에 분노하지 않을 수 없다. 정부의 경제정책을 비판하는 네티즌을 감옥에 넣고, 정부 통상정책의 문제점과 광우병의 위험성을 경고하는 방송 프로그램을 제작한 작가, 기자, 피디와 G20 정상회의 홍보포스터에 쥐를 그려 넣은 대학강사를 처벌하려고 시도한다. 이러한 '과잉범죄화'의 칼을 휘두르는 것은 검찰이다. 한편 정부는 정보기관의 불법적 민간인 사찰을 폭로한 대표적 시민운동가에게 거액의 손해배상소송을 걸고, 국방부의 '불온문서' 지정에 의문을 품고 헌법재판소로 달려간 군

법무관을 파면한다. 참으로 천박하고 한심하다. 권위주의가 좀비가 되고 유령이 되어 돌아다니는 모습을 보는 것만 같다. 그렇지만 다행히도 정치적 민주주의의 근본은 무너지지 않고 있다. 민주화를 이끈 대중의 분노와 그에 기초한 힘이 있기 때문이다.

비록 정치적 민주화로 대의민주주의가 확립되었지만, 지금 우리가 사는 세상은 어떠한가. 대의제 민주주의 안에 자신의 목소리를 반영할 수 없는 약자와 소수자 집단이 엄연히 존재하고 있지만, 현재의 대의제는 이 문제를 해결하지 못하고 있다. 몇 년에 한 번씩 투표를 하여 대표자를 뽑는 기회를 가졌다고 민주주의가 이루어지는 것은 아니다. 대의제가 엘리트나 강자가 자신의 지배를 선거라는 절차를 통해 정당화하는 장치로 전락한 것은 아닌지 돌아보아야 한다.

한편 "이젠 국가의 최고 영역까지 금권의 충복들이 장악한 상태"에서 "금권이 전에 없이 이기적이고 거대하고 오만방자"하게 위세를 부리고 있다. 대한민국이 '민주공화국'인지 '삼성왕국'인지 헷갈리는 현실! 생물학적 기준에 따라 세세손손 시장권력을 대물림하면서도 견제와 통제로부터 자유로운 재벌의 모습은 '맘몬'(mammon)에 다름 아니다. "은행들은 우선 자기들의 이익배당과 경영진의 고액 연봉 액수에나 관심을 보일 뿐, 일반 대중의 이익 같은 것은 아랑곳하지 않"고 있다. 은행 문턱은 서민에게 그 얼마나 높은가. 그런데 은행은 고객의 예금을 어디에 쓰고 있는가. 은행은 재벌의 사금고(私金庫)가 되어버리지는 않았는가. "극빈층과 최상위 부유층의 격차가 이렇게 큰 적은 일찍이 없었다." 최저 임금 상태를 표시하는 '빅맥 지수'를 사용하자면, OECD 최저 수준의 한국 최저 임금 시급 4,320원으로는 맥도널드 빅맥 세트를 사 먹을 수조차 없다. 정규직과 동일한 양과 질의 노동을 해도 임금은 반 토막을 받는 비정규직이 무한정 양산되고 있음에도 정부는 아무런 조치를 취하지 않는다.

그리하여 상위 20퍼센트가 부의 80퍼센트를 소유한다는 빌프레도 파레토의 '20대 80 법칙'은 확고히 자리를 잡았다. 아니 한국 사회에서는 '10대 90 법칙' 또는 '5대 95 법칙'으로 변화하여 관철되고 있을지 모른다. 자산, 소득, 교육, 건강 등 여러 측면에서 양극화가 심화되고 있다. 한국 사회는 약육강식, 승자독식의 논리가 기승을 부리는 정글이 되었다. 돌아보건대 "돈을 좇아 질주하는 경쟁을 사람들이 이토록 부추긴 적도 일찍이 없었"던 것 같다. 진보건 보수건 간에 민주공화국의 원칙과 가치에 입각한다면 이러한 현실을 외면해서는 안 된다. 지금 우리의 민주공화국이 위기에 처해 있다!

그런데 이명박 정권은 '고소영' 및 '강부자'만을 위한 정책을 실현하는 데 여념이 없고, 이 정책을 비판하면 '좌파'라고 몰아세우기에 바쁘다. 이러하니 진보주의자 외에 합리적인 보수주의자, 상식을 존중하면서 성실히 살고 있는 중산층도 이명박 정권에 대하여 실망을 넘어 개탄을 표하고 있다. 이제 대중은 민주화운동의 후예들에게 시선을 옮기며 다시 기대를 걸고 있다.

과거 민주화운동 세력은 정치적 민주화를 위하여 싸우면서도, 동시에 "경제계·금융계의 대재벌들이 경제 전체를 주도하지 못하게 하는 일까지 포함하는 진정한 경제적·사회적 민주주의 정립", "특정인의 이익보다 전체의 이익을 우선"하고 "노동계가 창출한 부를 정당하게 분배하는 일을 금권보다 중시"하는 체제의 수립을 꿈꾸었다. "모든 시민에게, 그들이 노동을 통해 스스로 살길을 확보할 수 없는 어떤 경우에도 생존방도를 보장해주는 것을 목표로 하는 사회보장제도의 완벽한 구축, 늙고 병든 노동자들이 인간답게 삶을 마칠 수 있게 해주는 퇴직연금제도" 역시 꿈꾸었다.

당시 권위주의 정권은 이러한 꿈에 대해 '급진좌경', '친북좌빨' 등의 딱지를 붙이고 처벌했지만, 이 꿈은 그 무엇보다 소중한 것이었다. 그런데 이 꿈은 다 어떻게 되었는가? 자유로운 투표권이 확보되면 민주주의는 그냥 완성되는 것이던가. 진보의 본령은 사회경제적 민주화를 추구하는 데 있음을 잊어서는 안 된다. 이제 잊혀버린 꿈을 되살

릴 때다. 사실 노동의 양과 질에 따른 정당한 대가의 확보, 부의 세습 방지, 일자리·주거·노후 문제의 해결 등은 진보와 보수의 문제를 넘어서는 것이 아니던가.

한편 이러한 사회경제적 민주화 외에 어떠한 과제가 놓여 있는가. 수많은 과제가 있겠지만, 적어도 에셀이 언급한 세 가지는 해결해야 한다. 먼저 언론개혁이다. 현재 "언론매체가 부자들에게 장악"되어 있다고 하면 과장인가. 신문은 물론 종합편성 채널까지 확보한 주류 언론은 사주와 광고주의 이익을 대변하는 데 급급하면서 빈자와 약자의 꿈과 고통을 외면하고 그들의 눈과 귀를 가리고 있다. 공평무사한 정론직필을 스스로 포기하고 특정 당파의 선전도구 역할을 하고 있다. "국가, 금권, 외세로부터 언론의 독립"은 어느 정도 수준인가. 독립은커녕 정치권력, 시장권력 및 외세와의 공모와 공생을 즐기고 있지는 않은가.

둘째, 교육개혁이다. 현재 교육체제는 "'학교'의 이상과 너무 거리가 멀며, 부유층만을 위한 것으로 더 이상 창의적이고 비판적인 정신을 충분히 계발시킬 수 없"음은 대다수의 시민이 공감하고 있지 않은가. 초등학생 때부터 대학입시경쟁에 내몰려 이 학원, 저 학원을 뺑뺑이 돌아야 하는 현실은 참담하다. 이는 교육이 아니라 사육(飼育)이며 제도적 학대다. 학생이 성적에 따라 차별받고 '알짜-예비-잉여'로 등급화되는 학교 현실은 그 자체로 인권침해이며, 이러한 현실 속에서 자긍심과 연대의식이 키워질 리 없다. 그리고 개천에서 용이 날 수 없는 방향으로 고착되고 있는 교육체제는 사회통합의 걸림돌이 되고 있다.

셋째, 소수자의 인권 보장 수준을 높여야 한다. OECD 가입국이자 G20에 속하는 나라임을 자랑하지만, 한국 사회의 다수자의 마음에는 소수자에 대한 편견이 강하게 자리잡고 있다. 소수자에는 여러 집단이 있지만, 여기서는 외국인 노동자만 언급하기로 하자. 올챙이 시절을 까맣게 잊어버린 개구리처럼, 한국은 "'불법체류자'들을 차별하는 사회, 이민자들을 의심하고 추방하는 사회"가 되고 있다. 값싼 노동력이 다량 필요하기에 불법체류 여부를 가리지 않고 이주노동자를 받아들이면서도, 이들의 인권을 침해하고, 거칠게 말해 단물을 빼먹은 후 추방하고 있는 것이 한국 경제체제 아닌가.

이러한 진보와 개혁을 이루기 위해서 첫 번째 명심해야 할 것이 있다. 즉, "'항상 더 많이'라고 외치며 앞으로만 질주하는 태도와 과감히 결별해야 한다." 과속경쟁 사회는 구성원을 항상 불안하고 불행하게 만든다. 구성원 다수를 패배자로 만드는 사회는 부정의한 사회다. 이제 '앞'만 아니라 '옆'과 '뒤'도 보는 사회제도를 만들어야 한다. 물론 이때 "윤리, 정의, 지속가능한 균형의 문제를 최우선으로 고려"해야 한다.

그렇다, 이제 "대량 소비, 약자에 대한 멸시, 문화에 대한 경시(輕視), 일반화된 망각증, 만인의 만인에 대한 지나친 경쟁"에 맞서서 "평화적 봉기"를 일으킬 때다. 이 '평화적 봉기'의 수단은 다름 아니라 헌법이 보장하고 있는 각종 기본권이다. 표현의 자유를 행사하자. 온라인에서 그리고 오프라인에서. 정치권력과 시장권력의 오만과 횡포, 불법과 탈법을 감시하고 비판하자. 단호하게 그리고 발랄하게. 또한 무조건 투표하자. 투표하지 않는 자는 "암묵적인 찬동자"다. "최악의 태도는 무관심이다." 무관심은 현재의 상태를 묵인, 방조하겠다는 의사의 다른 표현이다.

어떤 이는 '중용'과 '중도'를 조언한다. 자신의 사유와 행동을 성찰하고 반대편과 소통하고 그 입장을 존중하고 공유점을 확보하는 것은 진리를 찾아가는 지름길이다. 그러나 사람의 삶과 직결되는 가치와 정책이 충돌하는 상황에서 기계적 중립은 없다. 하워드 진은 말한다. "달리는 기차 위에 중립은 없다." 존 F. 케네디 역시 단테의 『신곡』을 재해석하며 말한다. "지옥의 가장 뜨거운 곳은 도덕적 위기의 시기에 중립을 지킨 자들을 위해 예약되어 있다." 현실에 대한 냉소, 무관심, 거리두기만으로는 세상은 바뀌지 않는다. 우리의 정당한 분노와 작은 실천이 세상을 바꾼다. 각자의 영역에서 각자의 방식으로 각자의 능력을 발휘하여 세상 바꾸기에 나서자.

옮긴이의 말

어느 행복한 투사의 분노

이 책을 한국어로 옮겨 세상에 널리 알리게 되어 무척 기쁜 마음으로 말미에 몇 자를 보탠다. 사실 보탤 것이 없다. 스테판 에셀, 그가 모든 이야기를 간결하면서도 강렬하게 다 해놓았기 때문이다. "분노할 일을 넘겨버리지 말라. 찾아서 분노하고 참여하여, 반죽을 부풀리는 누룩이 되라"고. "어느 누구라도 인간의 권리를 제대로 누리지 못하고 있는 사람을 만나거든, 부디 그의 편을 들어주고, 그가 그 권리를 찾을 수 있도록 도움을 주라"고.

한창 피가 끓는 젊은이의 외침이 아니다. 100세를 바라보는 노인의 목소리다. 보편적인 권리, 기본이 존중되는 사회가 되도록 부디 분노하라고. 감정적인 외침이 아니라 '참여의 의지'로부터 자연스레 우러나는 결기 어린 외침이다.

연기(緣起)의 세상, 통섭(通涉)의 세상, 상호의존의 세상에서 분노할 이유를 제대로 찾는 것은 더더욱 중요하다. '스펙' 쌓기에 여념 없는 젊은이들아, 결코 제 앞가림을 포기하라는 것이 아니다. 당장 자기 집 앞길만 쓸어놓고 만족하거나 길 넓히는 데만 골몰하는 동안 울타리 바로 너머에 어떠한 재앙이 기다리고 있는지를 보라는 것이다. 그 재앙의 화근에 분노하라는 것이다.

표지 포함 34쪽으로, 간단한 안내 책자처럼 보이는 이 책 (원본)은 프랑스 남부의 작은 출판사 '앵디젠'에서 2010년 10월 출간되자마자 열화와 같은 호응을 받아 지금까지만 무려 200만 부를 찍었고, 세계 각국에서 속속 번역되어 전파되고 있다. 수많은 서평과 기사가 있지만, 그중 대표적으로 프랑스의 『르몽드』지는 이 책을 '전달의 몸짓으로서 더욱더 관심을 끄는 책'이라고 소개했다. 여기서 전달이란 세대에서 세대로, 이미 수십 년 전 나치에 저항했던 세대에서 21세기의 젊은 세대에게로 레지스탕스 정신이 이어짐을 말한다. 혹시 이 책을 이념적 논설문으로 읽고 내용상의 약점을 잡아 파고든다거나 이스라엘-팔레스타인 분쟁에 대한 저자의 입장을 편파적이라고(심지어 지은이의 가계는 유대인인데!) 공격하는 사람은 이 책을 제대로 읽은 것이 아니라고 르몽드 지는 쓰고 있다. 즉, 레지스탕스는 역사 속에 묻혀버린 기념물이 아니라 바로 지금 이곳의, 우리의 일이라는 것이다.

한국 땅의 우리에게도 마찬가지다. 레지스탕스 정신은 먼 남의 나라 일이 아니다. 그것이 이 책의 핵심이다. '레지스탕스(résistance)'는 동사 '저항하다(résister)'의 명사형이다. 분노할 실마리를 잡아서 분노할 줄 알고 정의롭지 못한 것에 저항할 줄 알되, 마음속에는 비폭력의 심지를 곧게 세우고 참여하여 새로운 현재와 미래를 창조하라는 것이다.

제 한 몸 챙기기 녹록지 않은 세상에서, 어쩌면 외모보다 마음이 지레 노화하고 있을 젊은이들은 90대의 '청년'이 외치는 이 소리를 허술히 들어 넘길 수 없을 것이다. 저자가 과거-현재의 연결에 대해 치열한 질문을 던지고 있기 때문이다. '역사는 되풀이되지 않는다'라거나 '지금의 프랑스는 비시 정부 시절의 프랑스가 아니다'라고 강변하면서 지워버릴 수 없는 것이 바로 레지스탕스 정신이다. 70년의 세월을 건너뛰어, 레지스탕스의 주역이었던 에셀은 그때의 사건과 상황들을 현재에 생생하게 대입하고 있다.

이러한 과거와 현재의 만남이 가장 완벽한 상징적 표현으로 구현된 곳이 바로 2007년 5월, 글리에르 고원이었다. 1944년 초에 나치에 항거해 지하운동가들이 목숨 바쳐 투쟁한 레지스탕스의 성지인 이곳을 사르코지는 대통령 선거 직전에 일종의 역사적 '쇼' 무대로 삼아 레지스탕스에 헌신한 과거의 투사들과 현재의 청년 투사들을 한곳에 모아 행사를 치렀다. 이듬해에도 같은 곳에서 행사가 열렸지만, '어제와 오늘의 레지스탕스 시민' 모임은 이러한 '과시성 순례'에 반대하여 들고일어났다. 스테판 에셀은 2008년과 2009년 연이어, 바로 이 고원에 모인 대중들에게 과거와 현재를 이어주는 연결고리를 환기시키며 '모든 레지스탕스 투사들이 예외 없이 공유하고 있는 낙관주의'를 잊지 말자고 호소했다. 이 호소를 듣고 감응한 앵디젠 출판사의 편집

진이 다시 에셀 옹을 찾아 심층적인 대화를 나누었고, 그리하여 이 책이 탄생하게 된 것이다.

그런데 왜 하필 '분노'인가? 분노(憤怒)란 끓어오르는 화를 참지 못하여 벌컥 성냄이 아닌가? 여기에 번역의 어려움이 있었다. 사실 이 책의 제목인 명령문 '앵디녜부(Indignez-vous)!'를 처음에는 '분개하라!'로 번역하고자 했다. 프랑스어에서 '분노하다'를 의미하는 동사는 여럿 있지만 그중에서 's'indigner'라는 동사의 뜻은 평정을 잃지 않은 채 '분개'하는 쪽에 가깝다고 보았기 때문이다. 즉, 정의에 어긋난 일에 비분강개하고 아닌 것을 아니라고 말하는 것이다. 사적인 원한에 복받쳐 욱하는 것이 아니라 옳지 못한 일에 '의분'을 표출하는 것이다. 다만 원뜻에 좀더 가깝게 '분개하라'라고 번역했을 때 상황과 맞물리는 호소력이 적잖이 축소된다고 보아, 편집부와 상의하여 '분노하라'로 옮기게 되었다. 그러니까 '분노하라'는 말은 여기서 지은이가 주창하는 사회정의와 공공선의 실현을 위한 정당한 분개, 정의롭지 못한 것을 그냥 지나치지 말고 저항해 고쳐야 한다는 당위성 등을 강조하고 그 절실함을 전달하기 위해 선택한 어휘인 것이다.

노(怒)함과 노화(老化)를 바로 연결 짓는〔一怒一老〕 것이 우리의 통념이다. 그런데 '분노'를 외치는 90대 중반의 이 노인은 스스로 "내가 세상에서 가장 행복한 사람"이라고 말하는 여유를 보인다. 분노할 실마리를 삶 속에서 찾으라고, 그리하여 늘 참여하라고 말하는 그는 결코 비관주의자가 아니다. 비관주의자라면 어떻게 증손자 또래 세대에게 이리도 '격렬한 희망'을 걸 수 있겠는가. 누구보다 낙관주의자인 에셀은 그래서 생을 마무리할 시기에 이르러서도 이 책에 이어 속속 다른 책들도 세상에 내보내고 있는 것이다.

그의 메시지를 한마디로 표현하면 바로 이것이다. "진정 행복하려면 제때에 분노할 줄 알라." 여기서 분노라 함은 지은이가 결론에서 그토록 강조하는 '비폭력' 그리고 마음속에 온화한 시정과 불굴의 용기를 함께 지니고 온갖 고난을 헤치며 살아온 한 원로의, 평정심을 바탕에 둔 승화된 감정이다. 이에 관해서는 본문 중 '팔레스타인에 관한 나의 분노'의 마지막 문단에 설득력 있게 서술되어 있다.

본문이 별로 길지 않아 저자의 인간적 면모를 좀더 알고 싶다는 갈증이 있었다. 본문 번역 후 돌베개 편집부와 상의하여 궁금한 점을 정리해 이메일 인터뷰를 함으로써 좀더 깊이 있는 '대화'가 이루어졌다. 또 개인적으로는 프랑스 문학도였던 20대부터 암송해온 시 「미라보 다리」를 에셀 옹이 직접 낭송하는 듯하여 더욱 친숙하게 느껴졌다.

　(……) 사랑은 간다, 흐르는 강물처럼
　사랑은 가버린다

삶은 어찌 이리 느리며

희망은 어찌 이리 격렬한가! (……)

지은이가 본문에서, 또 인터뷰에서 두 차례 인용한 「미라보 다리」의 일부분이다. 시인 아폴리네르는 다리 위에서 흐르는 강물을 내려다보며 사랑과 생의 무상함을 탄식했지만, 수없이 암송한 시편들에 희망을 담고 평생을 살아낸 이 투사는 그 무상함을 뚫고 온 힘으로 외치고 있다. '해낼 수 있다, 바꿀 수 있다'는, 에너지로 가득한 그 음성이 생생히 들리는 것만 같다.

아폴리네르의 강물은 끝나버린 사랑을 싣고 흘러갔지만, 에셀의 강물—역사의 도도한 흐름—은 "우리 각자의 노력에 힘입어 면면히 이어져 더 큰 정의, 더 큰 자유의 방향으로 흘러간다."

마지막으로 21세기의 진정한 '어른'이자 진정한 '청년'인 스테판 에셀 옹에게 깊은 존경을 표하며 이 책의 한국어판이 출간되기까지 애쓰신 돌베개 편집부 소은주, 김태권 님에게 깊은 감사를 드린다.

2011년 5월

임희근

도판 출처

- 14쪽: Aurelio Arteta, 1937, 〈Tríptico de la Guerra (El Frente)〉
- 23쪽: ⓒ (주)멀티비츠이미지, '양극화의 단면을 보여주는 뭄바이의 한 도심'
- 29쪽: ⓒ (주)멀티비츠이미지, '팔레스타인 분리장벽에 그려진 소녀'
- 36쪽: ⓒ (주)멀티비츠이미지, '런던 트라팔가 광장에서 열린 반전대회'
- 51쪽: ⓒ Alejandro Cano Bolado, 〈Sin libertad〉

분노하라
INDIGNEZ-VOUS!